<그리스도인이면 꼭 알아야 할 성경 지식>

디모데후서

제2권 믿음의 경주를 온전히 마치라(3,4장)

서울솔로몬학교 성경연수원

차 례

이 책에 인용된 성경 구절은 〈한글킹제임스성경〉입니다.

제1과

마지막 날들의 배교의 실상(3:1-7)

『또 이것을 알라. 마지막 날들에 아주 어려운 때가 오리라』(딤후 3:1).

마지막 날들의 배교의 실상

디모데후서 3:1-7에서 사도 바울은 교회의 마지막 날들에 있게 될 배교의 특징들을 언급하는데, 충격적이게도 로마서 1:29-31의 "구원받지 않은 인류 전체"에 대한 정죄와 매우 흡사하다. 이 점은 교회의 마지막 날들에는 교회와 이교도들 사이에 별다른 차이점이 없을 것임을 보여 준다. **『또 이것을 알라. 마지막 날들에 아주 어려운 때가 오리라. 사람들이 자기를 사랑하고 돈을 사랑하며, 자긍하고 교만하며, 하나님을 모독하고 부모에게 불순종하며, 감사하지 아니하고 거룩하지 아니하며 무정하고, 화해하지 아니하며, 모함하고 절제하지 못하며, 사납고, 선한 것을 좋아하지 아니하며 배반하고 분별이 없으며, 자만하고 쾌락을 사랑하는 것이 하나님을 사랑하는 것보다 더하며 경건의 모양은 있으나 경건의 능력은 부인하리니, 이런 자들에게서 돌아서라. 이들 중에는 가정집에 몰래 들어가 어리석은 여인들을 사로잡아 죄들을 짊어지게 하여 여러 가지 정욕으로 끌려가게 하는 자들이 있나니 항상 배우나 진리의 지식에는 결코 이를 수 없느니라』**(딤후 3:1-7). vs. **『그들은 모든 불의, 음행, 사악, 탐욕, 악의로 가득 찼으며, 시기, 살인, 분쟁, 사기, 악독이 가득하며, 수군거리는 자들이요, 비방하는 자들이요, 하나님을 미워하는 자들이요, 모욕을 주며, 교만하며, 자기 자랑만 하며, 악한 일들을 꾀하는 자들이요, 부모를 거역하며, 몰지각하며, 약속을 저버리며, 무정하며, 화해하지 아니하며, 무자비한 자들이라. 그들은 이 같은 일을 행하는 자들이 마땅히 죽음에 처해져야 한다는 하나님의 심판을 알면서도 이 같은 일을 행할 뿐만 아니라 이런 일을 행하는 자들을 좋게 여기느니라』**(롬 1:29-32).

교회에 관한 부정적인 예언들

> 『또 이것을 알라. 마지막 날들에 아주 어려운 때가 오리라』(1절).

사도 바울은 앞선 2:14-26에서 언급한 "진리를 대적하는 자들"(후메내오와 필레토)에 더하여 디모데가 추가적으로 알아야 할 사항들을 제시한다. 사도 바울은 아들 디모데에게 그의 첫 번째 서신서에서 마지막 날들의 배교에 관한 몇 가지 가르침을 주었는데(딤전 4:1-3), 이제는 그보다 더 많은 것을 알려 주려고 한다. 디모데에게 알려 주는 부정적인 내용들은 사실상 교회가 순결을 유지하기 위해 피해야 할 것들이다. 그것은 "교회의 휴거"(계 4:1,2)가 임박한 때에 있을 일들이기 때문에, 마지막 라오디게아 교회 시대의 부정적인 면들(계 3:14-18)에 주의를 환기시키지 않고 자신이 잘하고 있다고 떠드는 설교자들은 모두 다 삯꾼들이다.

> 『사람들이 자기를 사랑하고 돈을 사랑하며, 자긍하고 교만하며, 하나님을 모독하고 부모에게 불순종하며, 감사하지 아니하고 거룩하지 아니하며』(2절).

『사람들이 자기를 사랑하고』(2절). 사도 바울이 교회의 미래에 관해 언급한 첫 번째 사항은 소위 "그리스도인"이라 불리는 자들이 자기를 사랑할 것이라는 것이다. 이 점은 "주 예수 그리스도의 가르침"과 "그리스도인의 삶의 목적"과 "사랑의 대상"과 관련된 성경의 진리와 철저히 반대된다. **『누구든지 나를 따라 오려거든 자기를 부인하고 자기 십자가를 지고 나를 따르라』**(마 16:24). **『그가**

모든 사람을 위하여 죽으신 것은 산 자들이 이제부터는 더 이상 자신들을 위하여 살지 않고 자기들을 위하여 죽었다가 다시 살아나신 그분을 위하여 살게 하려는 것이라』(고후 5:15). 『**우리가 그분을 사랑하는 것은 그분께서 먼저 우리를 사랑하셨음이라**』(요일 4:19).

아담의 성품에서 비롯된 근본적인 죄들은 시간이 흐름에 따라 계속 증가될 것이며 교회라고 해서 예외가 아니다. 교회의 휴거가 임박한 시점에는 교회나 세상이나 그러한 죄들이 일반적인 현상이 될 것이다. 세상과 교회는 "인간"을 사랑하고 "인간"을 받들 것이며, "인간"을 신격화할 것이다. 재림 전에 있을 특징은 "인간의 자기 사랑"이다. 그때에는 "**한 인간으로서의 그리스도인의 자아**"가 삶의 중심이 되고 삶의 주체가 된다. 그들은 "자신이 원하는 것"을 하려고 한다. 『**이제 오라, "오늘이나 내일 우리가 어느 성읍으로 가서 거기서 일 년쯤 지내며, 사고 팔아 수익을 올리리라." 하는 자들이여 너희가 내일 일어날 일을 알지 못하나니 너희 생명이 무엇이냐? 잠깐 보이다가 사라지는 안개니라. 오히려 너희가 "주께서 원하시면 우리가 살겠고, 또 이것이나 저것을 할 수 있으리라."고 말해야 할 터인데 이제 너희가 너희의 자만 가운데 기뻐하고 있으니 그러한 기쁨은 다 악하니라**』(약 4:13-16).

『**돈을 사랑하며**』(2절). 마지막 날들의 교인들은 탐욕에 끝이 없다. 그들은 세상 사람들처럼 계속해서 토지를 사들일 것이고, 건물을 계속 지을 것이고, 은행 계좌에 돈이 아무리 많이 쌓여도 만족하지 못할 것이다. 세상과 그들 사이에 아무런 차이가 없다. 그들의 특징은 『**자긍**』과 『**교만**』이다(2절). 자신의 부를 자랑하는 그들과 사도 바울의 가르침은 분명한 대조를 이룬다. 『**네가 말하기를 "나는 부자며, 부요하고, 아무것도 부족한 것이 없다."고 하지만 너는 비참하고, 가련하며, 가난하고, 눈멀고, 헐벗은 것을 알지 못하는도다**』(계 3:17). vs. 『**우리에게 먹을 것과 입을 것이 있으면 이것들로 만족할 것이니라.**

그러나 부유하게 되고자 하는 자들은 유혹과 올무와 여러 가지 어리석고 해로운 정욕에 빠지리니, 이는 사람들로 파멸과 멸망에 빠지게 하는 것이라. 돈을 사랑하는 것이 모든 악의 뿌리니, 이것을 욕심내는 어떤 사람들이 믿음에서 떠나 방황하다가 많은 슬픔으로 자신들을 찔렀도다』(딤전 6:8-10).

『**하나님을 모독하고**』(2절). 이전에 우리는 하나님을 모독하는 자들이었다. 『**전에는 내가 하나님을 모독하는 자요, 박해하는 자요, 중상하는 자였으나**』(딤전 1:13). 『**이제는 너희가 이 모든 것, 즉 분노와 성냄과 악의와 하나님을 모독하는 것과 너희 입에서 나오는 추잡한 말을 벗어 버리라**』(골 3:8). 마지막 날들의 교회들은 하나님의 모독하는 데 출중한데 이는 그들의 "거짓 교리들" 때문이다. 성경은 "거짓 교리를 가르치는 것"도 하나님을 모독하는 일이라고 말씀한다. 『**그들 가운데 후메내오와 알렉산더가 있는데 내가 그들을 사탄에게 내어준 것은, 그들로 하나님을 모독하지 못하도록 배우게 하려는 것이라**』(딤전 1:20, cf. 딤후 2:17,18).

『**부모에게 불순종하며**』(2절). 마지막 날들에는 자기 부모를 대적하는 "그리스도인들"이 많다. 『**감사하지 아니하고**』(2절). 예수님께서는 하나님께 감사하지 않는 것을 큰 죄악으로 분류하셨다. 거듭나지 않은 세상 악인들의 죄와 동일하게 보셨다. 『**그러나 너희는 원수들을 사랑하며, 선을 행하고 되돌려 받기를 바라지 말고 빌려 주라. 그러면 너희 상이 클 것이요, 또 가장 높으신 분의 자녀가 되리라. 이는 그분은 감사할 줄 모르는 자들과 악한 자들에게도 선하심이니라**』(눅 6:35). 스스로를 "그리스도인"이라고 부르는 자들에게서 하나님께 대한 "감사"가 사라지는 것은 교회가 쇠퇴했다는 것을 보여 주는 주요 특징들 가운데 하나이다. 참된 믿음에서는 하나님께 대한 감사가 흘러나온다. 『**모든 일에 감사하라. 이것은 그리스도 예수 안에서 너희에 관한 하나님의 뜻이니라**』

(살전 5:18).

『**거룩하지 아니하며**』(2절). 성경에서 "**거룩하지 아니함**"은 살인, 음행, 동성연애와 함께 다뤄지는 죄이다. 『**알 것은 이것이니, 율법은 의로운 사람을 위하여 제정된 것이 아니라, 불법자들과, 순종하지 않는 자들과, 경건치 않은 자들과, 죄인들과, 거룩하지 않은 자들과, 속된 자들과, 아비를 죽이는 자들과, 어미를 죽이는 자들과, 살인자들과 음행하는 자들과, 남자로 자신을 더럽히는 자들과, 유괴하는 자들과, 거짓말하는 자들과, 거짓되이 맹세하는 자들과 그 밖에 건전한 교리에 역행하는 것들을 위함이니**』(딤전 1:9,10).

『무정하고, 화해하지 아니하며, 모함하고 절제하지 못하며, 사납고, 선한 것을 좋아하지 아니하며』(3절).

『**무정하고**』(Without natural affection, 3절). "**본성적 애정이 결핍된 것**"을 뜻하기 때문에 모든 성도착자들과 유아 살해자들, 유아 학대자들이 포함된다. 『**화해하지 아니하며**』(trucebreakers, 3절)에서 "truce"는 "전투 중지, 휴전, 정전; 휴전[정전] 협정"을 뜻한다. **이는 교회의 마지막 날들에는 어떤 합의도 맺기를 원하지 않고, 또 자신과 차이가 있는 이들과 화해하기를 꺼려하는 사람들이 있을 것임을 보여 준다.** 또한 **이 시대의 모든 "핵 확산 금지 조약"이나 "정전 협정," "평화 협정"들은 비극을 연출하는 "연극"에 불과함을 말해 준다.** "자기를 사랑하는"(2절) 자들은 자기에게 유익할 때, 또는 불리할 때 협정을 깨뜨릴 것이다.

『**모함하고**』(3절). "〈킹제임스성경〉에는 잘못된 부분이 들어 있다." "성경대로 믿는 사람들은 또 하나의 이단이다." 이런 말들이 해당한다. 『**절제하지 못하며**』(incontinent, 3절)는 "**정욕을 참지 못하는**" 것을 뜻한다. 오늘날의 "그리스도인들"은 "**성적 유혹에 저항할 힘이 없기에**" 쉽게 굴복하고 만다. 『**너희는 서로 권리를 빼앗지 말라. 다만 금식과 기도할 틈을 얻기 위하여 합의상 잠시 떨어져 있다가 다시 합하라. 이는 사탄이 너희의 자제하지 못함으로 인하여**[your incontinency] **너희를 시험하지 못하게 하려 함이라**』(고전 7:5). 성적 충동을 제어할 수 있는 사람은 영적으로 성숙한 사람이다.

『**사납고**』(3절). 그리스도인의 신앙은 "**온유함**"이 그 특징이다(마 11:29, 딤후 2:24, 벧전 3:4). 온유함이 결핍되었을 때 사납고 거칠어지며 다툼을 일삼는다. 『**선한 것을 좋아하지 아니하며**』(3절). 디도서 1:8에서는 감독의 자격 요건 중 『**선한 사람들을 좋아하며**』를 제시한다. 이는 목사의 자격 요건일 뿐만 아니라 모든 성도들의 신앙 자세여야 한다. 즉 "**선한 책들"(바른 성경과 진리의 서적들)과 "선한 노래들"(찬양), "선한 사람들"(그리스도인들)을 좋아해야 한다. 배교한 교회들은 이와 반대로 "변개된 성경들"과 "인문학 도서들"과 "CCM"과 "종교적인 사람들"을 좋아한다**.

『배반하고 분별이 없으며, 자만하고 쾌락을 사랑하는 것이 하나님을 사랑하는 것보다 더하며』(4절).

『**배반하고**』(4절). 그들은 약속을 어기고 배반한다. 결혼 서약을 깨뜨리고, 이중간첩 행위를 한다. 컴퓨터로 정보를 적에게 팔아넘긴다. 유대인들은 그들의 메시아를 배반했다. 『**선지자들 가운데서 너희 조상이 박해하지 아니한 사람이 어디 있었느냐? 또 그들은 의로우신 분의 오심에 관하여 미리 말한 그들을**

죽였고 이제 너희는 그 의로우신 분을 배반한 자요 살인한 자가 되었으니』(행 7:52). 배반은 어느 시대에나 인간이 저지를 수 있는 최악의 범죄 중 하나이다.

『분별이 없으며』(heady, 4절) - "heady"는 알코올이 머리에 잔뜩 차올라 "술에 취한" 사람처럼 "무모하고 성급한" 것을 뜻한다. 따라서 "분별이 없는" 그리스도인들은 결과를 숙고하지 않고 무엇이든 할 준비가 되어 있다. 그들은 자신이 속한 지역 교회를 혼란스럽게 만들고, 그들 자신 또한 파멸시킨다.

『자만하고 쾌락을 사랑하는 것이 하나님을 사랑하는 것보다 더하며』(4절). 마지막 때의 교회들에는 두 부류의 그리스도인들이 있다. "**쾌락을 사랑하는 자들**"(lovers of pleasures)과 "**하나님을 사랑하는 자들**"(lovers of God)인데, 첫 번째 부류가 주류를 이룬다. 그들은 하나님을 첫째로 사랑해야 한다는 가장 큰 계명을 저버린 것이다. **『그들 가운데 한 율법사가 주를 시험하고자 주께 질문하여 말씀드리기를 "선생님, 율법 중에서 어느 계명이 크니이까?"라고 하니, 예수께서 그에게 말씀하시기를 "너는 네 마음을 다하고, 혼을 다하고, 생각을 다하여 주 너의 하나님을 사랑하라. 이것이 첫째며, 큰 계명이니라. 둘째는 이와 같으니, 네 이웃을 네 자신과 같이 사랑하라. 모든 율법과 선지서들이 이 두 계명에 달려 있느니라."고 하시더라』**(마 22:35-40). 당신은 하나님을 사랑하는 사람인가, 쾌락을 사랑하는 사람인가? 오늘날의 교회들에는 세상을 흉내 내는 관능적 쾌락과 오락이 종교의 옷을 입고서 활보하고 있다. 즉 경건의 모양은 있어도 경건의 능력이 없는 것이다.

■ 새롭게 깨달았거나 적용할 내용이 있다면 적어 보세요. ■

경건의 능력을 부인하는 자들에게서 돌아서라

『경건의 모양은 있으나 경건의 능력은 부인하리니, 이런 자들에게서 돌아서라』(5절).

『**경건의 모양은 있으나 경건의 능력은 부인하리니**』, 즉 마지막 때의 교회들에는 예배 때, 피아노도 있고 강단도 있고 오르간도 있지만 그것에 능력을 주시는 성령님이 계시지 않는다. 화려한 성가대도 있고, 강단에서 성경을 손에 쥐고 흔들며 제스처를 취하는 목사도 있고, 찬란한 조명 아래 두 손을 높이 들고 열광하는 회중도 있지만 하나님이 계시지 않는다. 『**보라, 내가 문 앞에 서서 두드리노라**』(계 3:20). 그들은 "하나님께 영광을," "주를 찬양하라," "하나님께서 복주시기를," "좋으신 하나님," "모든 영광을 주님께," "믿음을 나눠요," "지체들을 돌봅시다."라고 말하지만, 정작 거리에서 설교할 능력도 없고, 로마 카톨릭이 잘못된 조직이라고 소리칠 능력도 없다. 자기들이 보고 있는 개역성경이 틀린 성경이라고 담대히 외칠 능력도 없고, 자기 교회 강단에서 외쳐지는 설교가 비성경적이라고 비평할 능력도 없다. 다만 그들은 『**혼인을 금하고 음식을 삼가라고 명하**』는(딤전 4:3) 정도의 『**경건의 모양**』만 있을 뿐이다. 그런 자들에게서 돌아서라고 성경은 명령하고 있다(5절).

우리는 참된 종교가 지니는 진정한 능력이 그들의 삶에 어떤 영향도 행사하지 못하는 자들에게서 과감히 돌아서야 한다. 그들과의 교제 자체를 허용하지 말아야 한다. 『**어떤 사람이 너희에게 오되 이 교리를 가지고 오지 아니하면 그를 집에 영접하지도 말고 그에게 문안하지도 말라. 이는 그에게 문안하는 자는 그의 악한 일들에 참여하는 자임이라**』(요이 1:10,11). 『**믿지 않는 자들과 멍에를 같이 메지 말라. 의가 불의와 어찌 관계를 맺으며 빛이 어두움과 어찌 사귀**

겠느냐? 그리스도가 벨리알과 어찌 조화를 이루며 또한 믿는 자가 믿지 않는 자와 어떤 부분을 같이하겠느냐? 하나님의 성전과 우상들이 어찌 일치되겠느냐? 이는 너희가 살아 계신 하나님의 성전임이라. 하나님께서도 말씀하시기를 "내가 그들 가운데서 살 것이며 그들 가운데서 다닐 것이며 나는 그들의 하나님이 되고 그들은 나의 백성이 되리라. 그러므로 주가 말하노라. 너희는 그들에게서 나와 따로 있고 더러운 것을 만지지 말라. 그리하면 내가 너희를 영접할 것이며 또 나는 너희에게 아버지가 되고 너희는 내 아들들과 딸들이 되리라. 전능하신 주가 말하노라."고 하셨느니라』(고후 6:14-18).

『이들 중에는 가정집에 몰래 들어가 어리석은 여인들을 사로잡아 죄들을 짊어지게 하여 여러 가지 정욕으로 끌려가게 하는 자들이 있나니 항상 배우나 진리의 지식에는 결코 이를 수 없느니라』(6,7절).

위와 같은 일은 집집마다 방문하는 몰몬교나 여호와의 증인들이 전문이다. 그들은 주로 낮 시간에 가정집에 홀로 있는 여인들을 노린다. 연약한 여자들의 환심을 사서 남편들에게 영향을 줌으로써 가정 자체를 파괴시키려고 한다. 『**더러운 이익 때문에 가르쳐서는 안 될 것들을 가르쳐서 집들을 온통 뒤집어 놓는 그들의 입을 막아야 될 것이라**』(딛 1:11). 사탄은 아담이 아닌 이브를 유혹했다. 여자는 남자보다 자부심이나 허영심, 새로운 것에 대한 사랑, 귀를 가렵게 해주는 말에 민감해서 쉽게 속아 넘어간다.

『**항상 배우나 진리의 지식에는 결코 이를 수 없느니라**』(7절). 여자들이 남자들보다 배우는 것을 더 좋아한다. 그들은 많은 것을 배우러 다니지만 신앙의 참된 본질에는 이르지 못한다. 그들은 이 교회, 저 교회를 떠돌아다니고, 이 성경

세미나 저 성경 세미나를 전전하는 "**종교적 부초들**"에 불과하다. 아무리 기독 신앙에 관심을 가져도 본질을 이해하지 못한다. 구원에 이르지도 못한다. 그들은 교회 생활에 매우 열심이고 활동적이지만 진리의 지식에는 결코 이르지 못한다. 이것은 **다니엘 12:4**의 예언의 일부가 성취된 것이다. 『**그러나, 오 너 다니엘아, 마지막 때까지 그 말씀을 닫고 그 책을 봉하라. 그 때에는 많은 사람이 이리저리 달릴 것이요 지식이 증가하리라**』(단 12:4). 마지막 때의 세상은 지식이 증가해도 진리의 지식에는 이를 수 없으며, 이 점은 배교한 교회들도 마찬가지이다. 『**항상 배우나 진리의 지식에는 결코 이를 수 없느니라.**』라는 말씀은 "원어 연구"에 평생을 바친 "**헬라어 학자들**"과 "**히브리어 학자들**," 기독교 대학들에서 가르치는 "**성경학자들**," 우주의 비밀을 풀려고 연구를 멈추지 않는 "**과학자들**," 도서관들에 꽂혀 있는 수많은 책들의 "**저자들**"에게도 해당된다. **그들은 모든 것을 배우려 했지만 아무것도 깨닫지 못했다**. 『**항상 배우나 진리의 지식에는 결코 이를 수 없느니라.**』라는 말씀은 세상과 배교한 교회 모두에게 해당된다.

■ 새롭게 깨달았거나 적용할 내용이 있다면 적어 보세요. ■

제1과
복습문제

1. "거짓 교리"를 가르치는 것은 하나님을 모독하는 일이다. (O , X)

2. 스스로를 "그리스도인"이라고 부르는 자들에게서 거룩하신 하나님께 대한 (　　　　)가 사라지는 것은 교회가 쇠퇴했다는 것을 보여 주는 주요 특징들 가운데 하나이다(살전 5:18).

3. 그리스도인의 신앙은 (　　　　)이 그 특징이다(마 11:29, 딤후 2:24, 벧전 3:4).

4. 가정집에 몰래 들어가 어리석은 여인들을 사로잡아 죄들을 짊어지게 하는 일은 (　　　　)와 (　　　　　　)이 전문이다.

5. 『항상 배우나 진리의 지식에는 결코 이를 수 없느니라.』라는 말씀은 세상에는 적용되지 않는다. (O , X)

■ 새롭게 깨달았거나 적용할 내용이 있다면 적어 보세요. ■

NOTES

NOTES

제2과

경건한 성도들의 고난(3:8-13)

『실로 그리스도 예수 안에서 경건하
게 살고자 하는 모든 사람은 박해를
받을 것이라』(딤후 3:12).

진리를 대적하는 버림받은 자들

『얀네와 얌브레가 모세를 대적한 것같이 이제 그들도 진리를 대적하니, 이 사람들은 마음이 부패하고 믿음에 관해서는 버림받은 자들이라. 그러나 그들이 더 이상 나아가지는 못하리니, 이는 그들의 어리석음이 이 두 사람이 처했던 것과 같이 모두에게 드러날 것이기 때문이라』(8,9절).

1. 모세를 대적한 얀네와 얌브레

마지막 날들(딤후 3:1)에 관한 문맥 가운데 모세와 얀네와 얌브레가 언급된다. 얀네와 얌브레는 파라오가 모세와 아론을 대적하게 할 목적으로 불렀던 두 마법사들이다. 출애굽기를 보면 모세가 이들을 대면하면서부터 이집트에 열 가지 재앙이 본격적으로 내리기 시작한다. 출애굽기에서 이집트에 내렸던 열 가지 재앙은 예표적으로 대환란 기간에 지상에 임할 재앙들을 예표한다.

요한계시록 11장을 보면 대환란 기간의 중간, 곧 3년 반이 지난 시점에 두 증인이 등장하는 것을 볼 수 있다. 요한계시록 11:5,6에 비추어 볼 때, 이 두 증인은 모세와 엘리야이다. **『누구든지 그들을 해치려고 하면 그들의 입에서 불이 나와 그들의 원수를 삼키리니 누구든지 그들을 해치려고 하면 반드시 이와 같이 죽게 되리라. 이들에게는 하늘을 닫는 권세가 있어서 그들이 예언하는 날 동안 비를 오지 못하게 하고**[엘리야의 사역], **물을 피로 변하게 하는 권세도 있어**[모세의 사역] **원하는 때면 언제든지 온갖 재앙으로 땅을 치리로다』**(계 11:5,6). 끝없이 깊은 구렁에서 나오는 짐승(적그리스도)이 이 두 증인, 곧 모세와 엘리야를 대적하고 전쟁을 일으켜 그들을 이기고 죽이기까지 할 것이다(계 11:7). 적그리스도가 모세와 엘리야를 대적하는 것이다. 그런데 파라오는 적그리스도의 예표이고 그 앞에서 행하던 마술사들은 거짓 선지자의 예표이다. 따라서 예표적으로 보면 모세를 대적했던 두 마법사는 대환란 때 등장해 각종 기적을 일으키며 모세를 대적할 거짓 선지자의 모형이다. 『**또 내가 보니, 다른 짐승이 땅에서 올라오는데 어린양처럼 두 뿔을 가졌으며 용과 같이 말하더라. 그가 자기 앞에 있던 첫째 짐승의 모든 권세를 행사하고 또 땅과 거기에 사는 자들로 하여금 치명적인 상처를 치유받은 그 첫째 짐승에게 경배하게 하더라. 또 큰 이적들을 행하는데 심지어는 사람들 앞에서 불을 하늘에서 땅 위로 내려오게 하더라. 그가 짐승 앞에서 행할 권세를 받아 그 같은 기적들을 통하여 땅에 거하는 자들을 미혹하며, 또 땅에 거하는 자들에게 말하기를 칼로 상처를 입었다가 살아난 그 짐승을 위하여 형상을 만들어야 한다고 하더라**』(계 13:11-14).

따라서 『**안네와 얌브레가 모세를 대적한 것같이 이제 그들도 진리를 대적하니**』(8절)라는 말씀은 교회 시대의 마지막 날들에 등장할 배교자들이 갖는 의미를 보여 준다. 대환란 때가 되면 "모세"(계 11:5,6)가 다시 등장하여 "파라오"(적그리스도, 계 11:7)와 그의 "마법사"(거짓 선지자, 계 13:11-14)를 대적할 것인데, 그 일의 서막이 되는 일이 바로 "교회들의 배교"(『**이제 그들도 진리를 대적하니**』)인 것이다.

성경의 저자이신 성령님께서는 교회 시대의 마지막 날들(1절)이 이어지는 문맥 가운데서 이 마지막 시대의 배교를 이끌 거짓 선지자들의 모습을 보여 주시는데, 바로 "진리를 대적하는 자들"이다. 『**이 사람들은 마음이 부패하고 믿음에 관해서는 버림받은 자들**』(8절)이다. 9절에 따르면 그들은 더 이상 나아가지는 못할 것이다. 안네와 얌브레도 처음에는 모세의 기적을 "흉내" 내어 막대기를 뱀으로 바꾸고(출 7:12) 물을 피로 바꾸며(출 7:22) 또 개구리를 가져왔지만(출 8:7) 그들은 거기까지였다. 더 이상 나아가지 못했다. 하나님의 기적을 흉내 내지 못한 채 『**그것은 하나님의 손길이니이다.**』(출 8:19)라고 고백할 수밖에 없었다. 이 점은 마지막 날들의 배교자들도 마찬가지일 것이라고 성경은 말씀한다. 『**그러나 그들이 더 이상 나아가지는 못하리니, 이는 그들의 어리석음이 이 두 사람이 처했던 것과 같이 모두에게 드러날 것이기 때문이라**』(9절). 라오디케아 교회 시대의 배교자들은 그리스도께서 태우려고(슥 3:8) 지금 묶어 두고 계시기 때문에(마 13:30) "더 이상 나아가지 못한다." 『**진리를 믿지 않고 불의를 좋아하는**』(딤후 2:12), 『**진리의 사랑을 받아들이지 아니하여 구원을 받지 못**』한(딤후 2:10) 그들의 어리석음은 재림 때 『**모두에게 드러날 것**』이다. 『**보라, 그가 구름들과 함께 오시리니, 모든 눈이 그를 볼 것이며, 그를 찌른 자들도 볼 것이요, 또한 땅의 모든 족속이 그로 인하여 애곡하리라. 그대로 되리로다. 아멘**』(계 1:7).

2. 배교로 나아간 현대 기독교

오늘날의 안네와 얌브레 같은 거짓 선지자들, 곧 지금 교회 시대의 배교자들도 하나님의 말씀을 믿는다고 고백하고 복음을 증거한다며 거리로 나서고 찬양과 경배를 드린다며 길길이 날뛰지만 거기까지다. 믿음에 관해서는 버림받은 자들로서 더 이상 나아가지 못하고 결국 퇴보하고 마는 것이다. 왜냐하면 이 교회 시대 마지막 날들의 배교자들의 영적 상태는 비참하고 가련하며 가난하고 눈멀고 헐벗은 상태이기 때문이다(계 3:17). 그렇기에 더더욱 앞으로 나가고자 하여도 더 이상 앞으로 나갈 수 없는 것이다. 더욱이 9절에서 "모두"에게 드러난다는 말씀은 과거 이집트인들과 히브리인들을 뛰어 어 교회 시대의 마지막 날들에 등장할 배교자들의 어리석음이 모두에게 드러나게 된다는 말이다. 그래서 결국 2절부터 나왔던 『**자기를 사랑하고 돈을 사랑하며, 자긍하고 교만하며, 하나님을 모독하고 부모에게 불순종하며, 감사하지 아니하고 거룩하지**

아니하며 무정하고, 화해하지 아니하며, 모함하고 절제하지 못하며, 사납고, 선한 것을 좋아하지 아니하며 배반하고 분별이 없으며, 자만하고 쾌락을 사랑하는 것이 하나님을 사랑하는 것보다 더하며 경건의 모양은 있으나 경건의 능력은 부인』하는 자들인 것을 재림하실 예수 그리스도께서 드러내실 것이다.

그렇게 앞으로 나아가지 못한 그들을 예수 그리스도께서 지금 한데 묶어 불사르기 위해 단으로 묶고 계신다. 『**추수 때까지 둘 다 함께 자라도록 두었다가, 추수 때에 내가 추수꾼들에게 말하여, 먼저 독보리들을 모아서 불사르기 위하여 단으로 묶고, 곡식은 내 곳간으로 모아들이게 하리라.'고 하니라." 하시더라**』(마 13:30). 『**주가 말하노라. 그러므로 너희는 내가 일어나서 먹이로 삼는 날까지 나를 기다리라. 이는 내 결심이 민족들을 모으는 것임이니 내가 왕국들을 모아서 그들 위에 내 분노, 곧 나의 모든 격노를 쏟으리라. 이는 온 땅이 내 질투의 불로 삼켜질 것임이라**』(습 3:8). 하지만 대다수의 성경 주석가들은 9절에서 그들의 어리석음이 두 사람 곧 얀네와 얌브레가 처했던 것처럼 모두에게 드러날 것이라는 말씀에서의 "모두"는 당시의 이집트인들과 히브리인들이라고 말한다. 그렇게 이 말씀을 과거에 일어났던 일들로 국한시키려 하며 마치 자신들은 잘 믿고 있는 체하는 것이다. 하지만 이는 앞서 계속 살펴보았듯이, 1절에서 말한 "마지막 날들"이라는 문맥을 놓쳐 버린 반쪽짜리도 안 되는 해석일 뿐이다.

■ 새롭게 깨달았거나 적용할 내용이 있다면 적어 보세요. ■

경건한 성도들에게 닥치는 고난

『그러나 너는 나의 교리와 생활 방식과 목적과 믿음과 오래 참음과 사랑과 인내와 박해와 고난, 곧 안티옥과 이코니움과 루스트라에서 내게 일어났던 일들을 온전히 알았거니와, 내가 어떤 박해를 당했을지라도 주께서는 이 모든 것 가운데서 나를 구해 내셨느니라. 실로 그리스도 예수 안에서 경건하게 살고자 하는 모든 사람은 박해를 받을 것이라. 악한 사람들과 사기꾼들은 더욱 악해져서 속이기도 하고 속기도 하리라』 (10-13절).

1. 그리스도인들의 본이 된 사도 바울

10절과 11절에서 디모데는 사도 바울의 교리와 생활 방식, 목적, 믿음, 오래 참음, 사랑, 인내, 박해, 고난에 대해서 온전히 알고 있다고 말한다. 바울의 "생활 방식"은 항상 양심을 따르는 삶이었다(행 29:1, 롬 9:1). 그는 손수 일했고(행 18:3) 하나님을 기쁘시게 해 드리기 위해 기도하며 일했다(고전 9장, 고후 11장). 바울의 인생의 "목적"은 빌립보서 3:7-9, 고린도전서 8장에 잘 나와 있다. 바울의 "오래 참음"에 대해서는 고린도후서 11장에, "사랑"에 대해서는 고린도후서 4:5-11과 데살로니가전서 2:7,8에 잘 나와 있다. "인내"에 대해서는 사도행전 24:27과 빌립보서 1:13-19에, "박해"에 대해서는 고린도후서 11장에 열거되어 있다. "고난"에 대해서도 고린도후서 11장에 나와 있고, 고린도전서 4:11-13, 고린도후서 12:4-12, 빌립보서 3장에도 나와 있다.

특히 11절에 "안티옥"과 "이코니움"과 "루스트라"라는 지역이 나오는데, 이곳은 바울이 박해와 고난을 당했던 곳이다. 세 장소가 사도행전에서 언급되고 있다. 먼저 안티옥이다. 성경에서 안티옥은 두 군데가 있다. 여기서 안티옥은 선교 본부였던 그 안티옥이 아닌 피시디아의 안티옥이다(행 13:14,50). 여기서 주의 말씀이 온 지역에 퍼졌는데, 유대인들이 경건하고 존경받는 부인들과 그 성읍의 지도층 사람들을 선동하여 바울과 바나바에게 박해를 가하고 자기들의 지경에서 쫓아내자, 두 사도가 그들을 향해 자기 발에서 먼지를 떨고 이코니움으로 왔다고 말씀한다(행 13:51). 그러나 이코니움에서도 믿지 아니하는 유대인들이 이방인들을 선동하여 대적하며 두 사도들에게 악의를 품게 하고 돌을 던지려고 달려들기까지 하자 루카오니아의 성읍들인 루스트라와 더베와 그 근방으로 피신하여 복음을 전했다고 말씀한다(행 14:1-7).

그런데 "안티옥"과 "이코니움"에서 사도 바울을 쫓아온 유대인들이 "루스트라"에서 무리를 설득하여 바울을 돌로 치는 사건이 벌어졌다. 그들은 바울이 죽은 줄로 생각하여 성문 밖으로 끌어내었는데(행 14:19), 이때 바울은 셋째 하늘로 끌려 올라갔었다(고후 12:1). 사도 바울은 지금 이 세 장소를 언급하고 있는 것이다. 『**박해와 고난, 곧 안티옥과 이코니움과 루스트라에서 내게 일어났던 일들을 온전히 알았거니와, 내가 어떤 박해를 당했을지라도 주께서는 이 모든 것 가운데서 나를 구해 내셨느니라**』(11절).

사도 바울은 그 어떤 박해, 심지어 죽음에 처했을지라도 주님께서 그 모든 것 가운데서 그를 구해 내셨고 구해 내고 계시며 능히 구해 내실 줄로 믿고 있다고 했다(딤후 4:18). 이것이 사도 바울에게서 오늘날의 모든 그리스도인들이 본받아야 할 부분이다. 왜냐하면 실로 경건하게 살고자 하는 모든 사람은 박해를 받을 것이기 때문이다(12절). 박해받지 않고 편안한 삶을 살고 있는 그리스도인이 있다면 그는 그리스도 예수 안에서 경건하게 살고자 노력하지 않은 것이 분명하다. 말씀대로 지켜 행하지 않고 세상과 타협하여 박해를 피하고자 한다면 세상은 그런 그리스도인을 "위선자"라고 말할 뿐이다. 반대로 말씀대로 지켜 행하고자 하여 세상과 타협하지 않고 성별을 유지하면 세상은 그런 그리스도인을 "편협한 미치광이"라고 욕한다. 이렇게 살아도 욕을 먹고 저렇게 살아도 욕을 먹는다면, 차라리 주를 위해 욕먹는 쪽을 택해야 한다. 다른 말로는 그리스도를 시인하는 삶을 살아야 한다는 말이다.

구원받기 위해서 예수 그리스도를 마음으로 믿고 입으로 시인해야 했다. 그 후로 그리스도인은 예수 그리스도를 공개적으로 시인해야 한다. 주님을 시인하지 않는 삶이 일시적으로 가능할지는 모르나 언젠가 공개적으로 시인해야 할 때가 반드시 오고 만다. 아리마대 요셉은 숨어서 믿는 사람이었지만 빌라도에게 예수님의 시체를 달라고 요청하여 장사함으로써 예수 그리스도를 공개적으로 시인했다(요 19:38,40). 니코데모는 예수 그리스도를 "밤에" 찾아왔지만(요 3:1-6) 후에 유대인들 앞에서 주님을 공개적으로 옹호했고(요 19:39,40) 무엇보다 아리마대 요셉과 함께 주님을 장사지냄으로써 자신의 믿음을 드러냈다. 주님께 받은 사랑과 자비와 은혜가 확실하다면 주님을 시인해야 할 때가 반드시 오는 것이다. 그리스도를 시인하는 삶은 주님의 명령이기도 하지만, 그렇게 함으로써 성도 자신의 영적인 삶에 유익하고 세상과 연관된 많은 문제들을 해결 받게 한다.

예수 그리스도를 시인하는 다양한 방법이 있다. 침례를 받는 것도 공개적으로 자신이 예수 그리스도를 믿고 구원받았음을 알리는, 즉 시인하는 일이다. 『**물은 예수 그리스도의 부활하심으로 인하여 이제 우리를 구원하는 모형이니, 곧 침례라. (이것은 육체의 더러움을 제거하는 것이 아니라 하나님을 향한 선한 양심의 응답이라.)**』(벧전 3:21). 예배에 참석하고 예수 그리스도의 이름으로 모이는 곳에 참여하여 성도들 간의 교제와 간증을 통해 예수 그리스도를 시인할 수 있다. 그리고 가족, 친지, 친구, 직장 동료, 이웃 등 만나는 사람들과의 일상적인 대화 속에서 복음을 전파함으로써 예수 그리스도를 시인할 수 있는 것이다.

이처럼 그리스도인이 예수 그리스도를 시인하겠다고 결심하고 그밖에 주님을 향한 어떤 결심, 헌신, 각오, 다짐 등을 할 때 마귀는 더욱 거세게 공격하며 세상의 박해는 그 강도가 더 커지기 마련이다. 믿음의 교차점에 선 그리스도인을 공격하는 것이다. 갓 구원을 받았을 때도 받은 구원을 의심케 만듦으로써 믿음 가운데 성장하지 못하도록 방해한다. 럭크만 목사는 "이제 나도 하나님을 위해 살겠다. 하나님께서 좋아하시는 것을 좋아하고, 하나님께서 사랑하시는 걸 사랑하고, 하나님께서 미워하시는 것을 미워하겠다고 마음에 결정했다면 잘한 것이다. 후회할 잘못을 저지른 것이 아니다. 그러나 성경이 분명히 말하는 분명한 사실은 교회사 가운데 어떤 경우에도 성경대로 믿는 사람들이 다수의 종교적인 사람들에 의한 멸시와 조롱을 당하며 증오 섞인 공격을 당하지 않은 경우가 없다"고 말한다. 한마디로 성경대로 믿고 또 따르고자 할 때 고난과 박해가 반드시 있을 것이라는 뜻이다.

2. 그리스도인을 박해하는 자들

그렇다면 성경대로 믿는 그리스도인을 박해하는 자들은 누구인가? 가장 대표적인 사람들은 "행위로 구원받는다"고 믿는 사람들과 "행위를 통해 천국을 오게 할 수 있다"고 믿는 사람들이다. 그들은 성경대로 믿는 그리스도인들에 의해 그들의 종교적인 의식이 배척당하는 사람들이다. 이러한 모습은 유대인들이 그들의 종교 의식인 안식일에 관해 무시당하자 보였던 반응과 비슷하다. 즉 자신들의 종교적인 형식이 무시되자 예수 그리스도를 죽이고자 했던 것이다. 이와 동일한 일들이 로마카톨릭에 의해 교회사 기간 내내 자행되었던 것이다. 이들은 요한과 베드로를 투옥시켰고요. 야고보와 바울을 죽였고, 페이슬리와 레스터 롤로프를 투옥시켰으며. 롤라드, 알비겐스, 왈덴시안들을 고문하여 죽였고, 베드로와 야고보, 요한, 바울을 매질했다. 〈폭스의 순교사〉는 자신들의 종교적 의식들이 성경대로 믿는 사람들에 의해 무시당한 로마카톨릭의 잔혹한 고문과 사형의 역사이다. 그런데 로마카톨릭은 자신들이 받았던 박해를 12절 말씀에 적용시킨다. 『**실로 그리스도 예수 안에서 경건하게 살고자 하는 모든 사람은 박해를 받을 것이라**』(12절). 그러나 카톨릭교도들이 체포되거나 살해되거나 투옥되거나 자유가 박탈된다면 그것은 그들이 성경대로 경건하게 살았기 때문이 아니라 "살인자" "도둑" "행악자"처럼 고난당했을 뿐이다. 그들에게 적용되는 말씀은 따로 있다. 『**너희 중에 누구도 살인자나 도둑이나 행악자나 다른 사람들의 일에 간섭하는 자처럼 고난을 당하지 않게 하라**』(벧전 4:15). 모든 카톨릭교도는 바티칸 시국과 정치적으로 연결되어 있다. 모든 카톨릭교도는 그들의 손과 발이 정치적인 세력에 묶여 있는 것이다. 따라서 그들이 받는 박해의 90%는 그들이 세상에 정치적으로 연루되어 있기 때문에 자업자득으로 받는 것일 뿐이다. 교회사 기간 내내 로마카톨릭이 성경대로 믿는 그리스도인들을 박해했던 것은 그들의 반석이 우리의 반석과 같지 않음을 반증할 뿐이다(신 32:31).

3. 그리스도인이 된다는 것의 의미

그리스도인이 된다는 것. 거기에는 특별한 의미가 있다. 우리는 그리스도인이 되어 주님을 따른다는 것, 곧 제자가 되는 일의 참된 의미를 알아야 한다. 즉 자기 생명을 돌아보지 않고 박해와 고난을 감내하며 주님을 따라야 하는 것이다. 주님께서도 날마다 자기를 부인하고 자기 십자가를 지고 주님을 따르지 않으면 주님의 제자가 될 수 없다고 말씀하셨다. 십자가는 사형틀이다. 죽을 것을 각오하고 주님을 따라야만 주님의 제자가 될 수 있는 것이다.

사도행전 11:26을 보면 안티옥에서 제자들이 처음으로 "그리스도인"이라고 불렸다. 사실상 구원받은 사람을 그리스도인이라고 부르기는 하지만 처음 그리스도인이라고 불린 사람들이 "제자들"이었다는 점은 누군가가 구원받았다고 해서 자동적으로 "그리스도인"이 되는 것은 아니라는 점을 보여 준다. 왜냐하면 구원은 "믿음"으로써 받는 하나님의 선물이지만, 제자도에는 "행위"가 필요하기 때문이다. 따라서 "그리스도인"이란 구원받은 죄인으로서, 또 제자로서 그리스도를 성경대로 신실하게 따르려고 하는 사람들이라고 말할 수 있다. 하지만 구원과의 관계에 있어서 혼동하면 안 된다. 즉 어떤 그리스도인도 "구원받기 위해" 일하지 않고, 또 "구원받은 상태를 유지하기 위해" 일하지 않는다. 다만 "구원받았기 때문에" 행위로 섬기는 것이다. 물론 그리스도인은 선한 일들을 해야 하지만(엡 2:10), 그 행위들이 그의 구원에 영향을 주는 것은 아니다(엡 2:8,9).

4. 믿음을 찾아볼 수 없는 마지막 때

이제 13절을 보면 『**악한 사람들과 사기꾼들은 더욱 악해져서 속이기도 하고 속기도 하리라.**』라고 말씀한다. 사람들의 상태는 퇴보한다. "문명화되었다," "발전했다" 하는 것은 교통과 통신의 발달에 국한된 이야기지 사람은 계속해서 퇴보해 간다. 기술이 고도화될수록 해당 범죄들도 늘어만 갔다. 금융사기, 가상화폐 등은 그에 관한 기술과 지식이 없는 한 쉽게 벌일 수 없는 범죄다. 컴퓨터 발달, 발전이라는 것도 종국에는 적그리스도가 세상을 통제하기 위한 것에 사용되어질 뿐이다. 적그리스도가 세상을 통치하는 것은 A.D. 70년대에는 물리적으로 어려웠을 것이다. 하지만 교통, 통신, 컴퓨터 기술이 획기적으로 발전한 지금은 적그리스도의 등장이 그만큼 가까웠음을 알 수 있게 한다. 인류는 진화하고 진보하는 것이 아니라 퇴보하고 있다. 그리고 그 끝은 지옥이 될 것이다. 중요한 것은 이와 같은 세상의 물결이 교회 안으로 들이닥치면서 교회의 믿음 또한 퇴보할 수밖에 없다는 것이다. 퇴보하다 못해 아예 찾아볼 수도 없게 된다. 그렇기에 예수 그리스도께서는 주님 자신이 오실 때의 상황에 대해 다음과 같이 말씀하셨다. 『**내가 너희에게 말하노니 하나님께서는 그들의 원한을 속히 갚아 주시리라. 그러나 인자가 올 때 그가 세상에서 믿음을 찾아볼 수**

있겠느냐?"고 하시더라』(눅 18:8). 우리는 그리스도 예수 안에서 믿음을 지키고 경건하게 살면서 박해를 견뎌 내는 사람들이 되어야 한다. 바로 이것이 교회들이 진리를 대적하는 이 마지막 날들에 성경대로 믿는 모든 그리스도인들에게 주어진 거룩한 소명이다.

■ 새롭게 깨달았거나 적용할 내용이 있다면 적어 보세요. ■

제2과
복습문제

1. (　　　)와 (　　　　)는 파라오가 모세와 아론을 대적하게 할 목적으로 불렀던 두 마술사들이다.

2. 대환란 때가 되면 "모세"(계 11:5,6)가 다시 등장하여 "파라오"(적그리스도, 계 11:7)와 그의 "마법사"(거짓 선지자, 계 13:11-14)를 대적할 것인데, 그 일의 서막이 되는 일이 바로 "교회들의 (　　　　)"이다.

3. 바울이 자신의 박해와 고난과 관련하여 언급한 세 지역은 (　　　　)과 (　　　　)과 (　　　　)이다.

4. 성경대로 믿는 그리스도인을 박해하는 자들은 "(　　　　)로 구원받는다"고 믿는 사람들과 "(　　　　)를 통해 천국을 오게 할 수 있다"고 믿는 사람들이다.

5. 『실로 그리스도 예수 안에서 (　　　　)하게 살고자 하는 모든 사람은 (　　　　)를 받을 것이라』(딤후 3:12).

■ 새롭게 깨달았거나 적용할 내용이 있다면 적어 보세요. ■

NOTES

제3과

영감으로 주어진 성경의 유익(3:14-17)

『모든 성경은 하나님의 영감으로 주어진 것으로 교리와 책망과 바로잡음과 의로 훈육하기에 유익하니 이는 하나님의 사람이 온전하게 되며, 모든 선한 일에 철저히 구비되게 하려 함이니라』(딤후 3:16,17).

확신 안에 꾸준히 거하라

『그러나 너는 네가 배운 것과 확신한 것에 꾸준히 거하라. 네가 누구에게서 배웠는가를 알며 또 어릴 때부터 네가 성경을 알았으니, 그 성경은 너로 그리스도 예수 안에 있는 믿음으로 인하여 구원에 이르도록 지혜롭게 할 수 있느니라』(14,15절).

1. 그리스도인의 본이 되는 사도 바울

14절에서 사도 바울은 디모데에게 네가 배운 것과 확신한 것에 꾸준히 거하라고 말한다. 특히 네가 누구에게서 배웠는가를 알라고 말한다. 디모데는 물론 사도 바울에게 배웠다. 그래서 사도 바울은 후에 자신의 노선을 따르는 사람들의 이름을 갖게 되는데 바로 바울 추종자(Paulite)이다. 암흑시대에도 폴리시안(Paulicians)이라는 성경대로 믿는 사람들이 등장한다.

젊은이들을 가르칠 때, 사도 바울은 자신과 같은 생활 방식을 따르라고 말한다. 고린도전서 11:1에서 **『내가 그리스도를 따르는 것처럼 너희는 나를 따르는 자가 되라.』**라고 말씀하시는데, 디모데후서 3:10,11에서 바울은 디모데에게 자신의 무엇을 따라야 하는가를 구체적으로 말하고 있다. 곧 나의 교리와 생활 방식과 목적과 믿음과 오래 참음과 사랑과 인내와 박해와 고난과 같은 것들이다. 그런데 사도 바울은 디모데에게 "네가 이런 것들을 온전히 알았다"고 말한다. 온전히 알았으면 그것으로 끝이 아니라, 알았으면 이제 행하라는 것이다. 바울을 따르라는 것이다. 그러나 단순한 추종자가 되라는 말이 아니다. 바울이 교주가 되어서 그가 하는 대로 따르라는 게 아니다. 왜 그런가? 사도 바울 그 자신에 예수 그리스도가 보이셨던 믿음의 본을 온전히 따랐기 때문에 바울 자신이 보였던 믿음의 본, 행실을 그대로 따르면 자연스럽게 예수 그리스도를 따르게 되는 것이다. 무엇인가 보고 따라갈 수 있다는 게 얼마나 감사한가! 그렇게 하는 것이 결코 틀린 것이 아니라는 것이다.

14절 후반부 말씀에 『**네가 누구에게 배웠는가**』를 알라고 말한다. 그리고 바로 이어지는 말씀에서 『**또 어릴 때부터 네가 성경을 알았으니**』라고 말한다. 바울은 자신의 권위를 이렇게 입증하고 있다. 디모데가 어릴 때부터 성경을 알았는데 그것들이 바울의 가르침과 동일하다는 것이다. 사도 바울의 가르침의 권위는 성경에서 나오는 것이다. 사실 성경 교사도 동일하다. 변개되지 않은 말씀인 〈한글킹제임스성경〉으로 말씀을 세대주의적으로 가르칠 때, 거기서 말씀의 권위가 나오는 것이다.

2. 구원에 이르도록 지혜를 주는 성경

『**구원에 이르도록 지혜롭게 할 수 있느니라.**』(15절)에서 『**구원**』은 "지옥으로부터의 구원"이 물론 아니다. 이미 구원받은 사역자인 디모데에게 "지옥으로부터의 구원"이 다시 필요할 리가 없다. 한번 받은 구원은 영원히 보장되기 때문이다. 이 구절에서의 "구원"은 "사역자의 사역이 온전해지는 것"을 의미하는 구원이다. 이 "구원"과 같은 의미로 사용된 "구원"의 용례가 디모데전서에도 나온다. 『**네 자신과 교리에 주의하고 이 일들을 계속하라. 이것을 행함으로써 네 자신과 네 말을 듣는 사람들을 구원하리라**』(딤전 4:16). 여기서 "구원"은 "사역자의 사역이 온전해지는 것"과 성도가 영적으로 건강하여 "성도의 섬김이 온전해지는 것"을 의미한다.

성경은 지혜를 주신다. 그 지혜를 통하여 성도가 온전하게 되고, 하나님의 일을 위해 철저히 구비될 수 있는 것이다. 이것뿐만 아니라 성경은 『**이제 형제들아, 내가 너희를 하나님과 그분의 은혜의 말씀에 의탁하노니 그 말씀이 능히 너**

희를 굳게 세워 줄 것이며 또 거룩하게 된 모든 사람 가운데서 너희에게 유업을 줄 것이라.』(행 20:32)라고도 말씀하신다. 굳게 서는 일과 유업을 받는 일에 있어서도 성경이 얼마나 중요한지를 알려 주시고 계신 것이다. 지역 교회에서 주님을 섬기는 일이나, 마귀의 공격과 유혹에 승리하기 위해서도 성경이 주시는 지혜가 중요한 역할을 한다. 그러므로 성경 말씀을 소홀히 한 채 주님께로부터 지혜를 얻을 수 있을 것이라고 생각해서는 안 된다. 성경이 주는 지혜를 통하여 성장한 그리스도인은 온전하게 되고, 하나님의 일에 잘 준비된 사람이 되는 것이다.

영감으로 주어진 성경

『모든 성경은 하나님의 영감으로 주어진 것으로』(16절).

1. 필사본의 권위를 무시하는 학자들

16절의 『**모든 성경**』은 15절에서 언급된 성경이고, 그 성경은 디모데가 어릴 때부터 성경을 알았던 바로 그 성경이다. 디모데가 어릴 때부터 알았던 그 성경은 필사본이다. 최초의 원본이 아니다. 지금 그 필사본을 가지고 16절에서 영감으로 주어진 것이라고 말씀한다. 이 말씀은 배교한 근본주의자들이 입에 거품을 물고 달려드는 구절이다. 왜냐하면 그들은 최초의 원본만이 하나님의 영감으로 기록된 성경이라고 주장하기 때문이다. 필사본 혹은 번역본에는 영감이 주어지지 않았다는 것이다. 하지만 디모데후서 3:15,16 말씀은 그렇게 말씀하지 않으신다. 즉 15절에 어릴 때부터 디모데가 알았던 성경은 16절의 하나님의 영감으로 기록된 그 모든 성경인 것이다. 15절과 16절의 연결 관계를 끊어버릴 수 있는 유일한 방법이 하나 있는데 그것은 원어로 달려가는 것이다. 헬라어 원문으로 달려가서 15절에서 말하는 성경은 "그라마타"이고, 16절에서 말하는 성경은 "그라페"라고 주장하면서 서로 다른 것이라고 말하는 것이다. 하지만 이것은 아무것도 증명해 주지 않는다.

이 두 단어가 모두 가리키고 있는 것은 1세기에 누군가가 읽고 있었던, 디모데가 어릴 때부터 알았고 읽었던 바로 그 성경이다. 문맥과 상황을 보면 A.D. 68년경 디모데후서가 기록되었을 당시 사람들이 보던 성경이 바로 영감으로 주어진 것이라고 사도 바울은 말하고 있는 것이다. 그래서 성경은 최초의 원본만 영감받았다고 주장하고 싶은 사람들은 헬라어를 가지고 나와 말장난을 하며 사람들을 세뇌시키고, 또 거기에 세뇌된 사람들은 그렇게 알고 믿게 되는 것이다.

이러한 사실은 1884년의 영어 개정역(RV)과 전체가 부패로 부풀어 터진 1901년의 미국표준역(ASV)에서 찾아볼 수 있다. 이 두 권의 로마카톨릭 성경에는 이렇게 기록되었다. "하나님의 영감으로 주어진 모든 성경은... 유익하니"(Every scripture inspired of God is profitable). 이것은 마치 하나님의 영감으로 주어진 성경이 하나 있고 하나님의 영감이 없는 또 하나의 다른 성경이 있는 것처럼 기록되어 있다. 즉 영감이 있는 성경과 없는 성경, 이렇게 두 종류의 성경을 제시하는 것이다. 모든 그라페는 하나님의 영감으로 기록되었지만, 디모데가 가지고 있던 그라마타는 그렇지 않다고 말하는 것이다. 이런 식의 주장은 또 다른 문제를 만드는데 바로 영감을 받은 성경과 그렇지 않은 두 종류의 성경을 만드는 것이다. 그렇게 하지 않으면 디모데는 하나님께서 호흡을 불어넣으신, 하나님의 영감으로 기록된 바로 그 성경 사본을 읽고 공부한 것이 되기 때문이다.

2. 원본의 권위를 그대로 가지고 있는 필사본들

하지만 성경은 디모데가 어렸을 적에 보고 공부하고 암송하고 믿었던 그 필사본, 그 성경이 바로 영감으로 주어진 성경이라고 말씀하신다. 이 시점에서는 추락하는 근본주의자들을 구제할 방법이 없다. 이들이 한결같이 가르치는 것은 디모데가 살았던 시대나 바울이 살았던 시대에는 그 누구도 "하나님께서 호흡을 불어넣으신" 성경을 읽을 수 없었다는 것이다. 왜냐하면 그 당시에 사람들이 가지고 있었던 모든 구약은 "복사본들"을 복사한 것들이었거나 "번역본들"이었기 때문이라는 것이다. 하지만 성경으로 디모데를 양육한 디모데의 어머니는 "잃어버린 최초의 원본"을 복사한 복사본, 그 복사본을 복사한 복사본들 중 하나를 함께 읽으며 그를 양육했고, 그것이 "거룩"하며, "하나님의 말씀"이라고 디모데에게 가르쳤던 것이다. 디모데의 어머니는 자기가 아들 디모데에게 가르치는 그 복사본이 하나님의 말씀이라는 것에 대해서 조금도 의심해 본 적이 없었을 것이다.

이런 어머니 밑에서 배운 디모데는 자신이 하나님의 영광으로 주어진 성경을 읽고 있는 것이라고 생각했을 것이다. 그리고 바로 그 성경을 기록한 성령께서는 바울에게 그러한 방식으로 기록하라고 말씀하셨다. 그것이 본문이 기록된 형태다. 모든 성경은 하나님의 영감으로 주어진 것이다. 예수님께서 성경을 인용하실 때에도 필사본을 인용하셨다. 예수 그리스도께서 지상에 계실 때에 최초의 원본은 없었다. 그럼에도 불구하고 주님은 필사본을 인용하시면서 "성경"이라고 말씀하셨다. 이를테면 마태복음 21:42에서 예수 그리스도께서 『**너희는 성경에서 '건축자들이 버린 돌이 모퉁이의 머릿돌이 되었도다. 이는 주께서 하신 일이라. 우리 눈에 기이하도다.' 하신 말씀을 읽어 보지 못하였느냐?**』라고 말씀하시는 장면이 나온다. 초림 당시 최초의 원본이 없었음에도 주님께서는 그들이 가지고 있는 필사본을 "성경"이라고 말씀하셨다. 만약 주님께서 최초의 원본을 성경이라고 말씀하신 것이라면 『**성경에서... 읽어 보지 못하였느냐?**』라는 말씀은 모순이 된다. 최초의 원본이 없었기 때문에 당연히 성경에서 읽어 보지 못한 것이 되기 때문이다. 또한 누가복음 4:21에서 예수 그리스도께서는 『**이 성경이 오늘날 너희 귀에 이루어졌느니라.**』라고 말씀하시는데 주님께서는 자신이 보신 필사본을 가지고 이 성경이 너희 귀에 이루어졌다고 말씀하신 것이다. 이 또한 마찬가지로 주님께서 만약 최초의 원본을 두고 말씀하신 것이라면 성경이 이루어졌다고 말씀하신 것 자체가 아무런 의미가 없는 말이 되고 만다. 사도행전 17:11에서는 『**매일 성경을 상고**』했다는 말씀이 나오는데 이 역시 최초의 영감받은 원본을 상고했다는 말이 전혀 아니다. 뿐만 아니라 로마서 15:4에서는 『**성경이 주는 인내와 위로로써 소망을 지니게 하려 함이니라.**』라고 말씀하시는데 여기서의 성경이 최초의 원본을 말씀하시는 것이라면 말씀을 통해 인내와 위로로써 소망을 지니는 것은 그렇게 하시겠다는 말씀과는 반대로 전혀 받지 못할, 불가능한 것이 되고 만다. 마가복음 12:24에서도 『**너희가 성경도, 하나님의 능력도 모르므로 오해한 것이 아니냐?**』라고 말씀하시는데, 이는 26절 이하의 말씀에서 보듯 모세오경에 기록된 말씀과 관련되어 있다. 주님께서는 최초의 원본이 아닌 모세오경 그 구약 말씀이 기록된 필사본을 성경이라고 말씀하신다. 그리고 그 필사본인 성경도, 하나님의 능력도 모르기 때문에 오해한 것이라고 말씀하는 것이다. 따라서 최초의 원본만이 영감받았다는 주장은 허튼 주장일 뿐이다.

결국 두 부류의 그리스도인이 남게 된다. 한 부류는 최초의 원본만이 영감받은 성경이기에 원본만이 하나님의 말씀이라고 믿는 사람이고, 또 다른 한 부류는 살펴본 바대로 영감으로 기록하시고 섭리로 보존하신 그 성경이 최초에 하나님께서 기록하신 바로 그 영감받은 말씀이라는 사실을 믿는 부류이다. 보존되지도 않을 성경에 영감을 부여할 이유가 있는가? 그러므로 "**영감이 보존을 보증한다**"는 말의 의미를 분명히 알아야 할 것이다.

성경의 4가지 유익

『모든 성경은 하나님의 영감으로 주어진 것으로 교리와 책망과 바로잡음과 의로 훈육하기에 유익하니 이는 하나님의 사람이 온전하게 되며, 모든 선한 일에 철저히 구비되게 하려 함이니라』(16,17절).

성경의 유익은 어떤 특정한 상황이나 논리에 국한되지 않는다. 성경의 유익은 무한하다. 본문은 성경의 무한한 유익을 그 효용에 따라 『**교리와 책망과 바로잡음과 의로 훈육하기**』 이렇게 4가지로 나누고 있다.

『**교리**』는 무엇이 옳고 그른가에 해당하는 지식이자 옳고 그른 것의 판단 기준이다. 예를 들어 "사람이 어떻게 지옥에 가지 않을 수 있는가?"라는 질문에 대한 올바른 답변은 "당신이 죄인인 사실을 인정하고, 예수 그리스도께서 당신의 죄를 대신해서 십자가에 못박혀 죽으시고 부활하셨다는 사실을 믿으면 지옥에 가지 않는다."이다. 이것이 구원에 관한 올바른 교리이다. 그런데 이 교리가 올바르다는 것을 어떻게 보증할 것인가? 바로 성경이다. 그러므로 성경은 모든 교리의 원천이며, 올바르고 정확한 교리를 알게 해 주기 때문에 유익한 것이다.

『**책망**』은 잘못이 있다는 사실을 알려 주고 그것을 꾸짖는 것이다. 어떤 사람이 잘못을 행했는지 아닌지를 판단하는 기준은 성경이다. 세상 사람들이 잘못을 행하고 있다는 것을 책망하는 것, 교회들이 잘못을 행하고 있는 것을 책망하는 것, 성도가 잘못을 행하고 있는 것을 책망하는 것, 이 모든 잘못들을 알려 주는 것은 성경이다. 그러므로 성경은 책망을 위해서도 유익하다.

『**바로잡음**』은 잘못된 부분을 없애거나 좋게 만드는 것이다. 질그릇에 금이

가거나 깨지면 버리든지, 아니면 다시 빻아서 반죽하여 새로 만들든지 해야 한다. 새는 그릇을 그대로 쓰면 식탁이나 바닥을 더럽히는 불합리한 일들이 계속 일어나게 된다. 성도에게 잘못된 부분이 있으면 바로잡아야 한다. 무엇을 어떻게 바로잡을 것인가? 그 내용과 기준이 성경에 제시되어 있다. 예를 들어 죄를 지은 성도를 어떻게 대해야 하는가? 성경은 『**또 네 형제가 네게 죄를 짓거든 가서 너와 그 사람만 있을 때 그에게 그의 잘못을 일러주라. 만일 그가 네 말을 들으면 너는 네 형제를 얻은 것이라. 그러나 만일 그가 네 말을 듣지 아니하면 너 외에 한두 사람을 더 데리고 가서 두세 증인의 입으로 모든 말을 입증하게 하라. 그래도 그가 말을 듣지 아니하거든 교회에다 말하고, 교회의 말도 듣지 아니하거든 그 사람을 이교도나 세리와 같이 여기라**』(마 18:15-17). 이처럼 성경은 어떤 절차에 따라 바로잡을 것인지도 알려 주신다. 또한 잘못을 돌이키지 않고 더 악한 상황을 향해 달려간 이들의 결과들을 보여 주심으로써 스스로 바로잡을 수 있는 계기를 제공한다. 모세의 책망에도 돌이키지 않은 코라, 사무엘을 통한 하나님의 책망을 가볍게 여긴 엘리, 사무엘의 책망을 무시한 사울, 이러한 예들이 하나님을 두려워하고, 죄에서 돌이켜 스스로를 바로잡게 하는 교훈으로 제시된 것이다. 이렇게 성경은 바로잡음을 위해서도 유익하다.

『**의로 훈육하기**』는 성도가 영적으로 올바르게 성장하도록 가르치는 것이다. "의"는 죄 없이 온전한 상태를 말한다. 『**선을 행하고 죄를 짓지 아니하는 의인은 땅 위에 한 명도 없느니라**』(전 7:20). 우리는 모두 죄인이었으나, 『**의인이신 예수 그리스도**』(요일 2:1)를 믿음으로써 하나님의 의가 되었다. 『**곧 하나님의 의는 예수 그리스도를 믿음으로 인한 것으로 모든 자와 믿는 모든 자에게 미치나니 차별이 없느니라**』(롬 3:22). 『**하나님께서 죄를 알지도 못하는 그를 우리를 위하여 죄로 삼으신 것은 우리로 하여금 그 안에서 하나님의 의가 되게 하려 하심이라**』(고후 5:21). 성경은 우리가 예수 그리스도를 통하여 의롭게 된 그리스도인을 어떻게 죄와 세상으로부터 성별하게 하고 온전하게 성장시켜야

하는지를 알려 주는 훈육 교과서이자, 동시에 모든 그리스도인이 스스로 어떻게 죄를 짓지 않고 온전하게 성장해 나아갈 수 있는지를 알려 주는 성장 자습서이다.

성경의 4가지 유익을 통해 성장한 사람은 온전하게 되며, 모든 하나님의 일을 위해 준비된 사람이 된다. 헌신된 그리스도인이라면 당연히 『교리와 책망과 바로잡음과 의로 훈육하기』라는 4가지 유익을 통해 다른 그리스도인을 성장시키고, 자기 스스로도 성장함으로써 온전히 하나님의 일에 쓰임받는 그리스도의 군사가 되어야 할 것이다.

■ 새롭게 깨달았거나 적용할 내용이 있다면 적어 보세요. ■

제3과 복습문제

1. 『그러나 너는 네가 (   )과 (   )에 꾸준히 거하라. 네가 누구에게서 배웠는가를 알며』(딤후 3:14).

2. 『또 어릴 때부터 네가 성경을 알았으니, 그 성경은 너로 그리스도 예수 안에 있는 믿음으로 인하여 (   )에 이르도록 (   )롭게 할 수 있느니라』(딤후 3:15).

3. 『모든 성경은 하나님의 (   )으로 주어진 것으로 (   )와 책망과 바로잡음과 (   )로 훈육하기에 유익하니』(딤후 3:16).

4. 『이는 하나님의 사람이 (   )하게 되며, 모든 (   )에 철저히 구비되게 하려 함이니라』(딤후 3:17).

5. 『하나님께서 죄를 알지도 못하는 그를 우리를 위하여 죄로 삼으신 것은 우리로 하여금 그 안에서 하나님의 (   )가 되게 하려 하심이라』(고후 5:21).

■ 새롭게 깨달았거나 적용할 내용이 있다면 적어 보세요. ■

NOTES

제4과

너는 네 직무를 완수하라(4:1-5)

『그러나 너는 모든 일에 정신을 차리고, 고난을 견디며, 전도자의 일을 하고 네 직무를 완수하라』(딤후 4:5).

"그러나 너는"이라는 말의 의미

사도 바울은 디모데후서 3,4장에서 마지막 때의 배교에 대해 경고하면서, 디모데에게 "그러나 너는"이라는 표현을 3번이나 사용한다(딤후 3:10,14; 4:5). 이 말 속에는 마지막 때의 배교 자체는 손쓸 수 없는 운명이라손 치더라도, 부디 너만큼은 거기에 동참하지 말라는 바울의 진심어린 충고가 녹아 있다. "세상이 이런데 내가 뭘 어쩌겠어."라고 뇌까리지 말고, 강물을 거슬러 오르는 연어처럼 그 세상의 흐름에 역행하라는 것이다. 하나님께서 어떤 경고를 주시는 까닭은 "영원한 판결"을 미리 정해 두시고 그저 다가오는 멸망을 받아들이게 하려 하심이 아니다. 오히려 한 사람이라도 그 운명을 거슬러 살아남도록 하시려는 것이다(겔 33:14-16, 욘 3장). 혹 교회 시대 끝의 배교의 실상을 목도하면서 자포자기했다거나, 자신의 타락이나 무능 따위를 정당화하고 있었는가? 그렇다면 이 진리를 가슴에 새기고 다시 일어서도록 하라. 실망과 좌절을 안겨 주는 그 어떤 배교의 실상을 또다시 맞닥뜨린다고 할지라도, "그러나 너는" 정도(正道)를 걷는 일을 포기하지 말라!

■ 새롭게 깨달았거나 적용할 내용이 있다면 적어 보세요. ■

성경을 아는 사람으로서의 의무

『그러므로 내가 하나님과 주 예수 그리스도, 곧 그가 나타나실 때와 그의 왕국에서 산 자들과 죽은 자들을 심판하실 분 앞에서 네게 명하노니, 너는 말씀을 전파하라. 때를 얻든지 못 얻든지 항상 대비하라. 모든 오래 참음과 교리로 견책하고 책망하며 권고하라』(1,2절).

디모데후서 4장은 "그러므로"라는 접속사로 시작한다. 다른 이라면 몰라도 나에게서 배웠으며(딤후 3:14), 어릴 때부터 성경을 알았던(딤후 3:15) 디모데 너라면, 모든 선한 일에 철저히 구비될 수 있도록 하는 그 책을(딤후 3:17) 통해 무엇인가를 해내야 하지 않겠느냐는 당위성에 대해 이야기하고자 했던 바울의 의도를 엿볼 수 있다. 또한 바울은 이 대목에서 너라면 분명 그렇게 할 것이라는 신뢰도 내비치고 있다고 하겠다. 바울은 디모데가 하지 않을 것을 우려해서 무엇인가를 명령한 게 아니라, 그가 잘 해낼 것임을 확신하는 마음에서 일종의 격려를 보낸 것이었다.

이런 맥락에서 바울이 첫 번째로 언급한 명령은 말씀을 전파하라는 것이었다. 디모데와 같이 목사나 설교자 등 하나님께서 사역의 전면에 세워 주신 사람이라면 이 점을 항상 명심해야 한다. "성령 체험," "경배와 찬양," "인문학 특강," "사랑의 실천" 따위를 앞세워 사람을 끌어 모으는 일이란 전혀 하나님의 사역이 아니다. 하나님의 사역에서 가장 우선시되어야 하는 것은 그분의 말씀을 전파하는 일이다.

따라서 자신들의 손에 들려있는 그 책이 "하나님의 말씀"이라고 믿기조차 않는 자들은 사역을 할 자격이 없다. 최초의 원본은 영감받은 성경이었을 테지만 지금은 원본이 소실되었으므로, 우리 손에 들린 책은 "그나마 원본에 가장 가깝게 복원된 성경"일 뿐이라고 주장하는 교단 교회의 목사들, 신학자들과 같은 자들 말이다. 그들은 원어와 필사본들을 운운하면서 "하나님의 말씀"이란 현재 존재하지 않는다고 주장한다. 그러나 만일 그들의 말이 사실이라면, 애당초 그들은 "하나님의 사역"을 시작할 수도, "하나님의 사역자"가 될 수도 없다.

럭크만 목사는 그의 책 〈지역 교회〉에서 자신의 손에 들린 성경이 "하나님의 말씀"임을 믿지 않는 사람들을 향해 이렇게 일갈한다. "여러분이 준비한 이 메시지들은 "필요"가 있는 것인가? 필요한 것이 아니라고 한다면, 그것을 설교하는 목적은 무엇인가? 단순히 하나님께서 말하라고 주신 것이 "없다"는 이유라면, "이렇게 하는 것이 더 나은 번역일 것입니다."라든가, "더 정확하게 표현하자면 이렇습니다."라든가 "유감스럽게도 번역이 이렇게 되었습니다."라든가 하는 등등의 말을 늘어놓으면서 그들(회중들)의 시간과 여러분의 시간을 낭비하는 목적은 무어란 말인가? 만일 그분께서 말하라고 주신 것이 없다면, 그 입을 닥치고 있도록 하라."

물론 혹자가 바르게 보존된 책 형태의 하나님의 말씀을 가졌다고 해도, 그 말씀을 전파할 "때"란 좀처럼 오지 않을 수도 있다(전 9:11). 이 마지막 때에는 더더욱 그렇다. 우리가 거리에서 복음을 전파해도 사람들은 멈춰 서서 눈을 맞추고 대화에 응하기는커녕 전도지조차 잘 받아가지 않는다. 직장이나 학교에서 성경 공부 모임을 갖고 싶은데, 함께할 사람이 없을지도 모른다. 그러나 그렇다고 손을 놓고 있지 말라는 것이 바울의 두 번째 명령이었다. 때를 얻든지 못 얻든지 항상 할 수 있는 일도 있기 때문이다. 바로 절호의 기회가 왔을 때 잡을 수 있도록, 우리 안에 있는 소망에 관한 이유를 답변할(벧전 3:15) 만반의 준비를 갖춰 두는 일이다. 누군가가 예기치 못하게 영적인 문제에 관한 관심을 보였을 때(가령 행 8:31; 16:30처럼), 준비가 부족해서 기회를 날려 버릴만한 일을 만들지 말라는 것이다.

바울이 세 번째로 명령한 것은 "견책하고 책망하며 권고하는" 일이었는데, 여기에는 "교리"와 "오래 참음"이 필요하다. 사역자가 성도들을 계도함에 있어 "오래 참음"이 필요하다는 사실은 누구나 쉽게 납득할 만할 것이다. 사역이란 육신적인 방법으로 윽박을 지르거나 물리력을 행사해서 할 수 있는 것이 아니기 때문이다(고후 10:4). 그러나 어째서 견책과 책망과 권고에 "교리"가 필요하단 말인가? 그것도 "오래 참음"보다 선행하여 필요하단 말인가? 이 나라의 목사들 가운데 90%는 이러한 질문에 답을 할 수 없을 것이다. 그들이 사용하는 성경, 즉 개역한글판과 개역개정판 성경에는 "교리"라는 단어조차 없으니 지극히 자연스러운 일이라고 하겠다.

이에 대한 성경적 대답은, "도덕적 타락은 교리적 타락과 별개의 문제가 아니기 때문"이라고 할 수 있다(사 29:24, 딤전 1:10). 일례로 어떤 사람들은 요한일서 3:9와 같은 말씀을 곡해하여 구원받은 성도는 무슨 짓을 저지르더라도 죄가 되지 않는다고 가르친다. 그런 교리를 배운 사람들의 도덕성은 어떻게 되겠는가? 성경에서 말하는 문자적인 천년왕국이란 없다는 둥, 지옥은 "마음의 상태"일 뿐 실제 장소가 아니라는 둥, 이런 식으로 가르치는 사람들에게서 배운 교인들은 어떤가? 그들이 올바른 동기와 방법으로 주님을 섬길 수 있는가? 결코 그럴 수 없다! 난민 보호 운동, 환경 보호 운동, 기독교 문화 운동 등에 몰두하면서 타인들을 지옥으로 쓸어 넣거나 지옥으로 가는 것을 방조하고 있으면서도 스스로 "옳은 일"을 하고 있다고 믿을 테니 말이다. "무엇이 옳은가?"에 대한 기준을 갖고 있지 못하면 "도덕"이라는 것도 성립할 수가 없다(시 11:3). 바로 이러한 점 때문에 "견책하고 책망하며 권고하는" 일에는 반드시 "교리"가 있어야 한다. 바울은 이미 디모데에게 이런 점을 강조한 바 있다(딤전 4:1,6,13,16).

건전한 교리를 견디지 못하는 사람들

『때가 이르리니 사람들이 건전한 교리를 견디지 못하고, 그들 자신의 정욕에 따라 가려운 귀를 즐겁게 해줄 선생들을 많이 두리라. 또한 그들이 그들의 귀를 진리에서 돌이켜 꾸며 낸 이야기로 돌리리라』(3,4절).

마음이 비뚤어진 사람들은 진리를 견딜 수 없어 한다(요 8:37,45). 듣기 싫은 진실보다 듣기 좋은 거짓을 더 사랑하기 때문이다. 『**선지자들은 거짓되이 예언하고 제사장들은 그들의 권력으로 다스리며 내 백성은 그렇게 하는 것을 사랑하니 그 마지막에는 너희가 어찌하려느냐?**』(렘 5:31) 겉으로는 "하나님의 응답"을 구하는 것 같을지라도, 그들은 이미 자신들의 정욕에 따른 "스스로의 답"을 가지고 있다. 그래서 그들이 하는 일이란 사실 하나님을 찾는 것이 아니라, 스스로 결정해 둔 답에 동조해 줄 사람을 찾는 것이다. 그들에게 "하나님의 사람"이란 자신들에게 동조해 주는, 혹은 적어도 트집 잡지 않는 사람이다. 나머지 부류는 모두 "이단"이 된다(왕상 22:18, 렘 42:1-22; 43:1-7 참조).

그러한 완고함에는 문자 그대로 "약이 없다"(대하 36:16, 잠 29:1). 이런 자들은 에코 체임버(Echo Chamber) 효과에 빠져 상태가 계속 나빠지기 때문이다. 에코 체임버, 즉 스스로의 목소리만이 메아리가 되어 울리는 방 안에 갇혀 있는 사람과도 같이, 자신이 동조할 수 있는 사람이나 미디어만을 접하기에 계속해서 확증 편향을 키워 갈 수밖에 없는 것이다. "평평 지구"나 "명리학" 따위를 믿는 사람들처럼 말이다. 그들은 서로 모여 옳다는 확신을 공유하고, 나름대로 학술적인 체계를 세워 나가기도 하지만, 외부 세계에서 보았을 때는 웃기지도 않는 코미디 같은 일이다. 문제는 이 마지막 때에는 이런 현상이 더욱 심화되고 있다는 것이다. 특히 유튜브를 위시한 "뉴 미디어"의 등장이 그 기폭제가 되었는데, 에코 체임버 효과에 빠진 사람들이 자신의 입맛에 맞는 설교나 강의를 무한대에 가깝게 찾아서 들을 수 있게 되었기 때문이다. 이로 인해 진리를 따르는 사람들과 그렇지 않은 사람들 사이의 "양극화"는 전례가 없는 수준으로 치닫고 있다.

그렇게 되지 않으려거든 아무리 듣기 싫은 말이라고 할지라도 진리라면 기꺼이 받아들이겠다는 겸손한 마음을 늘 유지해야 한다(사 66:2). 누가 무어라고 떠들면 마음에 드는 말이든 아니든 간에 일단 성경을 직접 열어서 전후 문맥을 확인해 본 뒤에 수용 여부를 결정해야 한다(사 8:20). 그리고 그들이 "실제로 무엇을 하는지"를 살펴보고 열매로 그들을 판단해야 한다(마 7:15-20). 간단한 규칙인 것 같지만 오늘날에는 거의 모든 "기독교인들"이 이를 지키지 못해 사탄의 미혹에, 그리고 스스로의 미혹에 놀아나고 있는 실정이다.

그러나 너는 네 직무를 완수하라

『그러나 너는 모든 일에 정신을 차리고, 고난을 견디며, 전도자의 일을 하고 네 직무를 완수하라』(5절).

그리스도인은 속임수가 난무하는 마지막 때의 세태 속에서(딤후 3:13) "팔랑귀"가 되어 이리저리 방황하지 않도록 어떤 일이든지 간에 분별력을 가지고 대해야 한다(요일 4:1, 살전 5:21). 대적의 존재를 늘 인식하면서 정신을 차리고 있어야 하는 것이다(벧전 5:8). 늘 긴장 속에서 사는 삶이 유쾌하지 않을지 몰라도, 전장에서는 어쩔 수 없는 노릇이다(느 4:16-23).

> 마귀의 종들이 사용하는 속임수 가운데서 가장 위험하며, 또 널리 쓰이는 것은 바로 "우리는 모두 평화롭게 지낼 수 있다."는 거짓말이다. 히틀러를 만나 "평화 협정"(뮌헨 협정)을 체결하고 돌아왔던 영국의 전 총리 체임벌린을 아는가? 그는 히틀러를 만나기 전에는 그가 미친 사람일 것이라고 생각했으나 직접 만나 보고는 그런 사람이 아니라고 판단했고, 본국으로 귀국해서는 자랑스럽게 협정문을 흔들어 보였다. 체임벌린은 "이것이 우리 시대의 평화라고 믿는다."라고 했지만 그 협정은 불과 반년 만에 파기되었고, 또다시 반년이 지났을 때 전 세계는 다시금 전쟁의 소용돌이에 휩싸였다. "그들도 나쁜 의도를 지닌 것은 아니다.", "저 사람들도 그리스도인인데 우리가 함께하지 못할 이유가 없다." 등등의 에큐메니컬적인 외침들도 이와 마찬가지이다. 그런 것들은 모두 "평화로 많은 것을 멸하는 자"(단 8:25)의 길에 선 사람들의 술수일 뿐이다.

진리를 수호하는 사람에게는 고난이 다방면에서 필연적으로 따라붙는다(딤후 3:12). 특별히 본문은 문맥상 거짓 교사들로부터 오는 고난을 이야기한다고 볼 수 있는데, 사실 따지고 보면 바울이 로마로 압송되었던 것도(행 25:11,12) 또 당시에 사도들이 받았던 박해도(행 12:1-4; 14:19; 17:13,14; 21:27-30) 대부분 자칭 "모세의 제자들"(요 9:28) 때문이었다는 점을 떠올려 보면 고개가 저절로 끄덕여진다. 이 배교한 라오디케아인들의 교회 시대에도 성경대로 믿는 그리스도인들을 박해하는 무리는 대개 "나는 하나님을 섬기노라"고 생각하는 사람들이다(요 16:2 참조). 참으로 모순적인 상황이지만 어쩌겠는가, 주님께서도 견뎌 내셨듯이 우리도 견뎌 내야 할 따름이다.

이 모든 상황에도 불구하고 복음을 전파하는 전도자로서의 일을 완수해 내라는 것, 그것이 바로 이 부분에서 바울이 디모데에게 궁극적으로 하고 싶었던 말이었다. 하나님께서 말씀을 맡기신 사람은 상황이 어떻든 간에, 결과가 어떻든 간에 해야 할 일을 하면 그만이다(겔 2:4-7, 3:11). 결과는 주님께서 책임지신다. 우리는 주님께서 심으라면 심고 물을 주라면 물을 주면 될 일이지, 싹이 나고 자라게 하는 것까지 할 수는 없는 노릇이다. 그것은 주님의 소관이다(고전 3:6).

그러나 직무를 "명령받은 대로"하지 못했다면 그것은 문제가 된다. 바울이 강조하고 있는 것도 바로 그러한 부분이다. "완수하라"(make a full proof)는 말은 그 누구도 시비를 걸지 못할 정도로 완벽하게 일을 처리하라는 뜻이다. 사역자는 자신의 사역이 왜 그렇게 되어야만 하는지를 성경적으로 완벽하게 "입증"할 수 있어야 하며, 주님께서 그 일에 함께하셨다는 "간증"이 있는 사역을 해야 한다. 혹자의 인생이 세간의 교인들에게 "거인의 발자취"로 평가받는다고 해도, 그의 사역이 성경을 펴서 근거를 댈 수 있는 종류의 것이 아니라거나, 주님께서 개입하실 틈이 전혀 없게 인간적인 방법으로만 성취된 것이라면 그는 그 어떤 사역도 "완수하지" 못한 것이다.

■ 새롭게 깨달았거나 적용할 내용이 있다면 적어 보세요. ■

제4과
복습문제

1. 하나님의 사역에서 가장 우선시되어야 하는 것은 그분의 말씀을 전파하는 일이다. (O , X)

2. 하나님의 말씀을 전파하려는 마음만 있다면 반드시 그 때도 함께 온다. (O , X)

3. 『때가 이르리니 사람들이 건전한 (   )를 견디지 못하고, 그들 자신의 정욕에 따라 가려운 귀를 즐겁게 해줄 선생들을 많이 두리라』(딤후 4:3).

4. 진리를 수호하는 사람에게도 경우에 따라 고난이 오지 않을 수 있다. (O , X)

5. "네 직무를 완수하라"는 명령은 반드시 양적으로 많은 열매를 거둬 주님을 영화롭게 해 드려야 한다는 뜻이다. (O , X)

■ 새롭게 깨달았거나 적용할 내용이 있다면 적어 보세요. ■

NOTES

NOTES

제5과

바울이 남긴 "백조의 노래"(4:6-22)

『내가 이미 제물로 드려질 준비가 되어 있고, 떠날 때가 이르렀도다』(딤후 4:6).

바울의 백조의 노래

흔히 어떤 예술가가 남기는 마지막 작품을 일컬어 "백조의 노래"라고들 한다. 이는 평생 울음소리를 내지 않던 백조가 죽음을 목전에 두었을 때 딱 한 번 아름답고도 구슬프게 운다고 하는 속설로부터 비롯된 것인데, 그 유명한 슈베르트의 가곡 "세레나데"가 실린 슈베르트의 마지막 가곡집 또한 "백조의 노래"라는 제목으로 출간된 바 있다. "백조의 노래"는 사람들의 심금을 더더욱 울리기 마련인데, 더 이상 그와 그의 작품을 볼 수 없다는 아쉬움이 곁들여지기 때문이다. 바울의 "백조의 노래"인 디모데후서 또한 그러하지만, 여타의 "백조의 노래들"처럼 석별의 정서 때문만은 아니다. 디모데에게 권고하기를 마친 그가 마지막으로 토해 낸 간증에서 느껴지는 "참전 용사"로서의 투지와 신념, 그리고 영생과 보상에 대한 확신이, 같은 싸움을 싸우고 있는 우리에게 전달되어 그대로 이어지기 때문이다. 그는 죽었으나 여전히 믿음으로 말하면서(히 11:4), "나와 같은 인생을 살고, 나와 같은 보상을 얻어야 하지 않겠느냐."라고 우리에게 도전하는 것이다.

▪ 새롭게 깨달았거나 적용할 내용이 있다면 적어 보세요. ▪

선한 싸움을 완수한 보상

『내가 선한 싸움을 싸우고 달려갈 길을 마치고 믿음을 지켰으니 이후로는 나를 위하여 의의 면류관이 마련되어 있어 의로운 재판관이신 주께서 그 날에 그것을 내게 주실 것이며 또 나뿐만 아니라 그의 나타나심을 사모하는 모든 사람에게도 주실 것이라』(7,8절).

바울은 그리스도의 군사로서 믿음의 선한 싸움을 싸운 사람이었으며, 경기장에서 달리는 사람으로서 달려갈 길을 마친 사람이었다. 바울은 "가장 나쁜 평화라도 가장 좋은 전쟁보다 낫다."는 변명을 대면서 싸움을 피하려는 겁쟁이들과는 거리가 멀었다. 바울은 자신에게 주어진 싸움과 경주를 회피하지 않고 모든 일에 책임을 다했노라는 간증이 있었다(행 18:5,6; 20:26,27).

또한 그는 끝없이 들려오는 포성 속에서, 가도 가도 결승선이 보이지 않는 긴 경주에서 절망스러울 때에도 결코 주님과 그분께서 주실 보상에 대한 믿음을 잃지 않았다. 자신의 죽음을 직감하고 있던 바울은(6절) 이제 장차 주님을 만나 뵈면 그런 수고를 잊는 "불의"를 결코 저지르지 않으실 그분께서(히 6:10) 자신을 기쁨으로 맞이해 주실 것이며, 의로운 재판관으로서 "그 날" 즉 그리스도의 심판석에서 반드시 상으로 갚아 주실 것이라는 사실을 확신하고 있었다.

특별히, 바울이 이 대목에서 언급하고 있는 면류관은 "의의 면류관"이다. 이 면류관은 주님의 나타나심을 사모하는 사람들에게 주어지는 면류관인데, 문맥으로부터 우리는 주님의 나타나심을 사모하는 사람이란 세상이 "말세"라면서 허만 차고 있는 사람이 아님을 알 수 있다. 그런 사람들은 주님의 나타나심이 아니라 현실로부터의 도피를 사모하고 있을 뿐이다. 주님으로부터 그분의 나타나심을 사모했다고 인정받고 싶다면, 그분께서 언제 오시든 부끄럽지 않을 수 있도록 자신에게 주어진 임무에 최선을 다하고 있어야 한다. 바울이 그러했던 것처럼 말이다.

우리는 주님의 다시 오심을 "아는지"의 여부에 따라 면류관의 수여가 결정되는 것이 아니라, "사모했는지"의 여부에 따라 결정된다는 점을 명심해야 한다. 휴거에 관한 지식을 가지고 있다고 해서 자신이 주님의 다시 오심을 사모하고 있다고 착각해서는 안 된다는 것이다. 선생님이 수업 중에 깜빡한 수업 자료를 가지러 자리를 비웠을 때, 학생들은 어떠한가? "조용히 하고 있어야 한다."는 말을 남긴 선생님이 교실에서 멀어지시는 것을 빼꼼 연 문틈 사이로 확인하고는, 신이 나서 왁자지껄 떠들기 시작하는 그런 학생들은 분명하게 선생님께서 곧 다시 오신다는 사실을 "알고" 있지만, 결코 "기다리지" 않는다.

사역자 곁의 다양한 인간 군상

『너는 내게로 속히 오도록 힘쓰라. 데마는 이 현 세상을 사랑하여 나를 버리고 데살로니가로 갔고, 크레스게는 갈라디아로, 디도는 달마티아로 갔으며 누가만 나와 함께 있느니라. 마가를 데리고 오라. 그는 내 사역에 필요한 사람이니라. 나는 두기고를 에베소에 보냈느니라... 구리세공자 알렉산더가 내게 많은 해를 끼쳤으니, 주께서 그의 행위대로 그에게 갚으시리라. 너도 그를 경계하라. 그가 우리의 말에 심히 대항하였느니라』(9-12,14,15절).

자신이 "결승선"을 통과할 때가 얼마 남지 않았음을 직감했던 바울은 그 마지막 순간을 "아들"(딤후 1:2) 디모데와 함께하기를 원했다. 그러면서 바울은 마치 주마등처럼 자신과 함께했던 사람, 함께하고 있는 사람, 함께할 사람 등을 열거한다. 우리는 이 사람들을 통해 사역을 감당해 나가면서 만나게 되는 다양한 유형의 인간 군상을 모형으로 살펴볼 수 있다.

첫째 유형은 "데마"를 통해 나타난다. 데마는 바울과 함께한 사역자였다(골 4:14, 몬 1:24). 그러나 그는 이 현 세상을 사랑한 까닭에 사역으로부터 떨어져 나가고 말았다. 세상을 사랑하는 사람은 하나님을 사랑할 수 없기 때문이다(요일 2:15). 돈, 쾌락, 명예를 사랑하는 사람이 박해로 점철된 그리스도인의 인생길을 끝까지 감당할 수 있을 리는 만무하다. 그 결과는 무엇이었는가? "영원히 남는 수치"였다. 데마는 "세상을 사랑한 사람"으로 성경에 기록되어 "영원히 하늘에 세워진"(시 119:89) 것이다. 구원은 받았어도 세상을 사랑함으로써 십자가를 거부한 인생, 순간의 제단에 영원을 불사르며 살았던 인생, 그리스도의 심판석에서 받을 상을 하나도 마련하지 못한 인생의 비참함 또한 마찬가지일 것이다. 그리스도의 심판석에서 받을 상이 영원한 것이라면, 그 수치 또한 그러할 것이라는 사실을 기억해야 한다.

둘째 유형은 "누가"를 통해 나타난다. 누가는 늘 바울의 곁을 지키면서 그의 병을 돌봐 주던 의사였고, 그의 행적을 기록하여 사도행전을 쓴 장본인이기도 했다. 그는 사역의 전면에는 잘 드러나지 않지만, 늘 바울의 곁에서 힘을 보탠 동역자였다. 사실 바울의 곁을 지킨다는 것은 쉬운 일이 아니었다. 네로의 법정에 서서도 믿음을 부인하지 않고 당당하게 자신을 변호하는 바울을 보면서, 그의 주변 인물들이 전부 "이러다가는 나까지 불똥이 튀겠는데?"라는 판단을 재빠르게 내리고는 살 길을 모색했던 것을 보면 알 수 있다(16절). 그럼에도 누가는 늘 바울과 함께했다. 마틴 루터의 아내였던 카타리나, 오스왈드 챔버스의 아내였던 비디, 크리스마스 에반스의 아내였던 캐서린, 조나단 고포드의 아내었던 로잘린드, 찰스 피니의 기도의 동역자였던 다니엘 내쉬, 모세의 동역자였던 훌과 같은 사람들이 바로 이런 유형의 인물들이다. 이런 사람들은 "동역자"로서의 자신의 신분을 망각하지 않으며, 때로 이해가 가지 않는 부분이 있거나 비효율적인 부분이 있더라도 묵묵히 자신이 해야 할 일을 한다. 이런 동역자를 얻으면 천군만마가 부럽지 않다.

셋째 유형은 "마가"를 통해 나타난다. 마가는 바울의 1차 선교 여행에 동행한 사역자였으나 중도에 포기하고 돌아가 버렸다(행 13:13). 이 일을 계기로 바울로부터 신뢰를 잃은 그는 바울의 2차 선교 여행에서는 배제되었다(행 15:36-40). 그런데 바울은 디모데후서에서 다시 마가가 자신의 사역에 필요하다고 말하고 있다. 어떠한 계기로 바울이 입장을 바꾸었는지는 알 수 없으나, 분명한 것은 마가가 한 번 실족한 후에도 회복되어 다시금 하나님께로부터 쓰임받았다는 점이다. 물론 현실적으로 보았을 때 이는 매우 드문 경우에 해당한다. 그럼에도 이런 가능성이 존재한다는 사실은 사역의 실패를 겪어 낙심해 있는 이들에게는 큰 위로가 될 것이다. 누군가에게 사역에 있어 "두 번째 기회"가 주어질지, 혹은 주어지지 않을지는 인간이 알 수 있는 영역이 아니다. 그러나 확실한 것은 한 번 실패했다고 해서 아예 데마처럼 세상을 선택해 버린다면 그런 기회를 논할 상황조차 생기지 않으리라는 것이다. 그러므로 사역에서 간증을 잃고 완전히 끝장나 버렸다고 해도 포기하지 말라. 하나님께서 아직 목숨을 붙여 놓으셨다는 것은 해야 할 일이 남아 있기 때문일지도 모를 노릇 아니겠는가?(판 16:21-30)

넷째 유형은 "투기고"를 통해 나타난다. 투기고는 바울이 에베소에 있는 디모데에게 보낸 "전령"이었다. 그는 주 안에서 신실한 일꾼이었기에, 바울은 자신의 소식을 그를 통해 알리곤 했다(엡 6:21, 골 4:7). 투기고와 같이 어떤 일이 있을 때 자신을 대신하여 보낼 수 있는 듬직한 동역자가 있다는 것은 사역자로서는 큰 축복이 아닐 수 없다. "유능한 적군보다 무능한 아군이 더 두렵다."라는 유명한 말도 있거니와 자신을 대신해서 보낸 사람이 오류를 퍼뜨리거나 사역을 망쳐 버릴지도 모른다는 불안감이 들면 사역자는 제대로 된 사역을 할 수가 없기 때문이다(잠 26:6-9). 사역자에게는 임의대로 자신의 생각을 퍼뜨리는 사람이 아니라, 마치 사역자 본인이 그곳에 있는 것처럼 말하고 같은 보조로 행할 동역자가 필요하다. 하나님께서도 똑같은 생각을 가지고 계시는데, 그분께서도 그분의 말씀처럼 말하고 그분께서 하시는 것처럼 일하는 종들을 필요로 하시기 때문이다(벧전 4:11). 물론 이런 사람은 흔치가 않다. 하나님께서는 그 사실에 대해 답답함을 표출하시기도 했다(렘 23:16-18). 정도의 차이는 있겠지만, 많은 사역자들도 같은 심정을 느꼈을 것이다.

다섯째 유형은 구리세공자 "알렉산더"를 통해 나타난다. 하나님의 사역에는 항상 대적들이 있다. 진정한 사역이란 사람들로부터 호감을 사는 일과는 거리가 멀기 때문이다(갈 1:10). 우리 편에서는 가능한 모든 사람과 더불어 화목하게 지내려고 해야겠지만(롬 12:18), 진리가 능력 있게 전파되면 누군가는 이를 갈고(행 7:54), 누군가는 자신의 돈벌이에 타격이 갈까 노심초사하며(행 19:25-27), 누군가는 시기하기(요 11:47,48) 마련이다. 세상으로부터 오는 이러한 미움은 우리가 주님께 속했다는 증거이기도 하기에(요 15:18,19), 하나님의 사람이 되고자 한다면 피할 수 있는 일이 아니다. 이러한 대적들로부터 오는 방해, 음해, 협잡 등이 그리 유쾌하지는 않겠지만, 이런 일들을 통해 우리는 의로운 재판관이신 주님께 더욱 매달리게 된다. 이들에게 육신적으로 대응하지 않고 주님께 그 처분을 맡기며 고난을 견디면, 주님께는 영광이 돌아가고 우리 편에는 상급이 쌓인다(벧전 1:6,7; 4:12-16). 그러니까 뒤집어보면, 이런 대적들은 우리로 하여금 주님께 더욱 밀착하게 하고 상을 쌓을 수 있는 계기를 만들어 주는 "고마운" 사람들인 셈이다.

▪ 새롭게 깨달았거나 적용할 내용이 있다면 적어 보세요. ▪

언제나 도우시는 주님

『그러나 주께서 내 곁에 서서 내게 힘을 주신 것은 나를 통하여 복음 전파가 온전히 수행되어 모든 이방인들로 그것을 들을 수 있게 하려 하심이며, 또 내가 사자의 입에서 구출되었느니라. 주께서는 나를 모든 악한 일에서 구해 내시고, 그의 하늘나라에 이르기까지 나를 보호하시리니, 영광이 그분께 영원무궁토록 있기를 원하노라. 아멘』(17,18절)

찬송가 〈해 저물어 날 이미 어두니〉의 원래 가사에는 바울의 처지와 꼭 들어맞는 이런 시구가 있다. "다른 돕는 이들이 끊어지고 위로자들이 도망할 때, 도움 없는 이들의 도움이시여, 오 나와 함께 거하소서." 다른 모든 이들이 우리를 버릴 때에도 우리는 결코 혼자가 아니다. 그 이름이 "임마누엘"(마 1:23)이신 분, 곧 우리와 함께하시는 하나님이신 주 예수께서는 우리를 고아로 남겨두지 아니하시겠다고 약속하셨다(요 14:18). 그분께서는 거듭난 성도들 안에 영으로 내주하시면서 성도로 하여금 그 어떤 상황에서도 "주는 나를 돕는 분이시니, 사람이 내게 무엇을 하든지 내가 두려워하지 아니하리라."(히 13:6)라고 말할 수 있게 하시는 분이시다.

특별히 본문에서는 과거, 현재, 미래에 걸친 주님의 도움이 잘 드러나고 있다. 주님께서는 사자의 입에서 바울을 구출해 주셨다. 여기에서 말하는 "사자의 입"이 문자적인 것인지(즉, 바울이 사자에게 뜯어 먹히는 형벌을 면했다는 말인지) 아니면 울부짖는 사자와도 같은 사탄의(벧전 5:8) 입을 가리키는 것인지는 확실치 않지만 어쨌거나 주님께서 그를 구해 내셨다는 사실만큼은 분명하다. 또한 주님께서는 모든 악한 일에서 바울을 구해 내실 것이고, 또 그의 하늘나라에 이르기까지 바울을 보호하실 터였다. 바울은 극심한 압박을 느

낄만한 상황이었음에도 불구하고 이러한 주님의 보호하심을 잘 인지하고 있었던 것이다.

우리 또한 사도 바울처럼 늘 이러한 하나님의 보호하심을 인식하면서 살아야 한다. 사실, 우리가 무너져 버리지 않고 여기까지 버틸 수 있었던 이유는 전능하신 하나님께서 우리를 보호하시면서 사탄과 우리 그리스도인들의 주변 상황을 통제해 주셨기 때문이다(고전 10:13, 욥 1:12; 2:6). 만일 하나님의 보호하심이 영영 떠나 버린 것 같다면, 그것은 하나님께서 변하셨기 때문이 아니라(약 1:17), 영원한 도움을 공급하시는 하나님에 대한 우리 마음에 문제가 생긴 것이다.

"인생의 마지막 겨울"을 맞이할 준비를 해야 했던 바울은 디모데에게 겨울이 되기 전에 와 줄 것을 당부하면서 두 가지 품목을 부탁했다. 하나는 "외투"요, 다른 하나는 "책들"이었다(13절). 어차피 이 세상에서는 아무것도 가지고 갈 수 없으니 다른 것들은 필요가 없었다(딤전 6:7).

겨울이 오고 있어 외투를 요청한 것이야 평범해 보이지만, 책들, 즉 성경을 요청한 것은 특별해 보인다. 이는 미국 대부분의 주에서 시행하는 "최후의 만찬"의 관례를 떠올리게 한다. 이는 인도적 차원에서 사형수들에게 형 집행 직전에 원하는 음식을 주문하여 먹을 수 있도록 하는 것인데, 이때 대개는 불안과 스트레스로 인해 다 먹지 못하고 남긴다고 한다. 그러나 사도 바울은 (만일 디모데가 제 시간에 도착했다면) 그의 "최후의 만찬"을 만족스럽게 해치우고는 최후를 맞이했을 것이다. 주님의 말씀을 통해 풍성한 영적 양식을 섭취한 후, 이제 더더욱 풍성한 "메인 디쉬"를 먹을 기대를 안고서 주님 곁으로 갔을 것이다.

제5과
복습문제

1. 바울은 디모데후서를 기록하면서 자신이 죽지 않을 수도 있을 것이라는 기대를 품고 있었다. (O , X)

2. 의의 면류관은 휴거의 교리를 아는 사람이라면 누구나 받는 면류관이다. (O , X)

3. 『데마는 (   ) 나를 버리고 데살로니가로 갔고, 크레스케는 갈라디아로, 디도는 달마티아로 갔으며』(10절)

4. 사역에서 버림받는다고 구원이 취소되거나 회개할 수 없는 것은 아니지만, 다시 사역으로 부름을 받는 일은 일어날 수가 없다. (O , X)

5. 바울이 마지막 순간에 원했던 것은 성경을 읽는 것이었다. (O , X)

■ 새롭게 깨달았거나 적용할 내용이 있다면 적어 보세요. ■

NOTES

NOTES

복습 문제 정답

제1과

1. O
2. 감사
3. 온유함
4. 몰몬교, 여호와의 증인
5. X

제2과

1. 얀네, 얌브레
2. 배교
3. 안티옥, 이코니움, 루스트라
4. 행위, 행위
5. 경건, 박해

제3과

1. 배운 것, 확신한 것
2. 구원, 지혜
3. 영감, 교리, 의
4. 온전, 선한 일
5. 의

제4과

1. O
2. X
3. 교리
4. X
5. X

제5과

1. X
2. X
3. 이 현 세상을 사랑하여
4. X
5. O

< 추 천 도 서 >

목회서신

피터 S. 럭크만 지음 / 460쪽

20,000원(eBook 14,000원)

이 책은 지역 교회를 통한 하나님의 사역을 이해하게 하며, 또 지역 교회를 섬기는 신실한 성도 및 사역자의 자격을 알려 준다.

믿음의 선한 싸움을 싸우라

이송오 목사 지음 / 184쪽

7,000원(eBook 4,900원)

이 책은 우리의 영적 싸움에서 가장 기초적이라 할 수 있는 영적 분별력을 키우게 해 준다.

믿음의 좁은길

조지 문델 지음 / 152쪽

4,000원(eBook 2,900원)

이 책은 아브라함의 생애를 조명해 보는 가운데 우리가 그리스도인으로서 승리의 삶을 살 수 있는 방안을 제시하고 있다.

완벽한 교회는 없는가

이송오 목사 지음 / 296쪽

12,000원(eBook 8,400원)

참 교회의 모습을 찾으려고 하는 성도들, 특히 올바른 목회를 하려고 준비하는 신학생들과 목회자에게 좋은 교과서로 제시된다.

솔로몬 성경공부 시리즈

디 모 데 후 서

제2권 믿음의 경주를 온전히 마치라(3,4장)

초판1쇄 2024년 8월 9일
초판2쇄 2024년 10월 4일
지 은 이 / 편 집 부
발 행 인 / 박 승 용
발 행 처 / 말씀보존학회
출판등록 / 제409-2022-000036호
주 소 / 서울 강서우체국 사서함 제90호
전 화 / (02) 2665 - 3743
팩 스 / (02) 2665 - 3302
인 터 넷 / www.biblemaster.co.kr

잘못된 책은 바꿔 드립니다.

값 10,000 원